お菓子の由来物語

L'origine historique des gâteaux

猫井 登

nekoi noboru

幻冬舎

お菓子の由来物語

はじめに

私がお菓子の勉強を始めたのは40歳を超えてからであった。かなり遅いスタートである。

とりあえず、基本的なお菓子について知ろうとお菓子屋さんに足を運ぶが、まず、どれが基本的なお菓子なのかがわからない。また、同じ「モンブラン」という名のケーキであっても外観が黄色のものもあれば、茶色のものもある。逆に外観は同じような苺のケーキなのに、ある店では「ショートケーキ」という名で売られ、別の店では「フレジエ」という名で売られている。いろいろな店を訪れるたびに混乱は増していくばかりであった。

そこで、それぞれのお菓子の由来を調べようとするが、レシピ本は多数あるのに由来について書かれた本はほんの少ししかない。しかも、ほとんどが年代別あるいは国別・地域別という体系になっている。お菓子の由来がわからないから調べようとしているのに、それがいつの時代のも

のか、どこの国のものなのかなど、わかるはずがない。仕方なく、お菓子ごとに由来を調べるのは断念し、それらの本をはじめから読んでいく。しかし、今度は本文に登場するお菓子についての写真はおろかイラストすらなく、それがどのようなお菓子か、まったくイメージがつかめない。結局、独学は無理と判断し、製菓学校の門をたたくこととなった。

世の中には、お菓子好きが大勢いる。その中には、お菓子について深く知りたい、そう思っている人も多いに違いない。けれども製菓学校にいく余裕がある人ばかりではない。そんな人のために、ざっと読めば日本のケーキ店で売られているお菓子全般についての概略がわかる、興味をもったお菓子について手軽に調べられる、そんな本があれば便利である。今回、そのような本をめざして執筆をした。

本書では、日本のケーキ店で売られているお菓子を基本的な守備範囲とし、個別のお菓子ごとに項目をたて、その由来を中心に、関連する事柄について解説するというかたちをとっている。また外観が似ているお菓子や関連性のあるお菓子をひとまとめにして解説することにより、相違点や見分け方を明らかにするとともに、その相関関係も理解できるよう心がけた。

また、本書は、はじめから順に読んでいけば、お菓子全般についての基本的な理解が得られるよう構成されているが、興味をもった項目だけを読んでも十分に理解ができるよう書かれている。

本書が、お菓子への興味を広げる一助となれば幸いである。

最後になったが、本書を執筆するにあたり、多くのご指導、ご鞭撻をいただいたロワゾー・ド・リヨン、オーナーパティシエ加登 学（かとまなぶ）氏に感謝の意を表したい。

2008年9月1日

contents

はじめに 2

Chapter 1 ケーキ

スポンジ ———————————— 10
ショートケーキ ————————— 12
ロールケーキ —————————— 14
シフォンケーキ ————————— 16
シャルロット —————————— 18
カーディナルシュニッテン ———— 20
フォレ・ノワール ———————— 20
ザッハトルテ —————————— 22
オペラ ————————————— 24
モンブラン ——————————— 26
チーズケーキ —————————— 28
ズッパ・イングレーゼ ————— 30
ティラミス ——————————— 30
ズコット ———————————— 32
マフィン ———————————— 32
ウエディングケーキ ——————— 34
世界のクリスマスケーキ ———— 36
 フランス　ブッシュ・ド・ノエル —— 36
 ドイツ　　シュトーレン ———— 36
 イタリア　パネトーネ ————— 38
 イギリス　クリスマスプディング — 40

Chapter 2 タルト・パイ

いろいろなタルト ———————— 42
リンツァータルト ———————— 44
アマンディーヌ ————————— 44

ブルダルー風タルト	45
タルト・タタン	45
トゥルト・フロマージュ	46
パイ生地	48
シュトゥルーデル	50
バクラバ	50
ミルフイユ	51
コンベルサッシオン	52
サクリスタン	52
アリュメット	52
パイユ	53
パルミエ	53
ショーソン	53
ビション	53
ピティビエ	54
ガレット・デ・ロワ	56
アップルパイ	58

Chapter 3 シュー

シュークリーム	62
エクレア	64
パリブレスト	66
サントノーレ	66
ポンヌフ	68
ポルカ	69
ピュイダムール	69
ルリジューズ	70
ペ・ド・ノンヌ	70
プロフィトロール	71
クロカンブッシュ	71

Chapter 4 焼き菓子

パン・デピス	74
カトルカール	76
ケーク	76
ウィークエンド	77
トゥルトデピレネー	77
マドレーヌ	78
パン・ド・ジェーヌ	80
フィナンシェ	80
ティグレ	81
ヴィジタンディーヌ	81
ビスキュイ・ド・サヴォワ	82
ブラウニー	82
バウムクーヘン	84
ガトー・ア・ラ・ブロッシュ	86
ガレット・ブルトンヌ	88
ガトー・ブルトン	88
ガトー・バスク	89
ドフィノワ	89
スコーン	90
クッキー	92
シガレット	93
チュイル	93

ラングドシャー	93
スノーボール	93
クレープ	94
ワッフル / ゴーフル / ウエハー	96
各国のワッフルの特徴	98
ベルギーワッフル	98
フランスワッフル	99
アメリカンワッフル	99
オランダワッフル	99
ジャパニーズワッフル	99
メレンゲ	100
マカロン	102
ダコワーズ	104
カヌレ	106

Chapter 5　発酵菓子　揚げ菓子

クグロフ	110
ババ	112
サバラン	114
ベニエ	116
ドーナッツ	118

Chapter 6　砂糖菓子　チョコレート

糖菓（コンフィズリー）	122
ジャム	124
フリュイ・コンフィ	126
パート・ド・フリュイ	126
ドラジェ	128
プラリーヌ / プラリネ	130
ジャンドゥーヤ	132
パート・ダマンド	132
カリソン	134
クッサン	134
ギモーヴ（マシュマロ）	136
キャラメル	136
ヌガー	138
チョコレート	140
マンディアン	142
ミュスカディーヌ	142
生チョコ	143
トリュフ	143
オランジェット	144
ロッシェ	144

Chapter 7　冷たいお菓子

プリン	146
クレーム・ブリュレ	148
ファーブルトン	150
クラフティー	150
ゼリー	152
ババロア	154

ブラン・マンジェ	156
パンナコッタ	156
クレメ・ダンジュ	157
ムース	157
いろいろなクリーム・ソース	158
アイスクリーム	162

Chapter 8 パン・その他

パンの歴史	166
クロワッサン	170
デニッシュ・ペストリー	172
ブリオッシュ	174
トロペジェンヌ	174
クイニー・アマン	176
再生菓子	177
ボストック	177
ポロネーズ	177
クロワッサン・オ・ザマンド	177
クロックムッシュ	178
キッシュ	178
コーヒーの歴史	180
紅茶の歴史	182

Column

両者のザッハトルテを比較	23
日本のクリスマスケーキ	39
チーズの歴史	47
ウィーン菓子	60
アントナン・カレーム	65
シュー生地で作る いろいろな形のお菓子	72
包むお菓子	89
「運命の石」とは	91
クッキー、ビスケット、 サブレの違い	92
ベルギー3大古典菓子	108
スタニスラス・レクチンスキー	113
お菓子の型／絞り袋	115
防腐剤としての砂糖／ 砂糖、転化糖、蜂蜜の関係	120
砂糖を材料としたお菓子用素材	127
アーモンドにまつわる神話	129
チョコレートに関する4大発明	144
プディングの原型となった料理	149
主な凝固剤	153
牛乳、バター、クリーム	155
ジュリアン兄弟	161
氷菓の分類	164

索引	188

撮影協力店
ア・ポワン／オーボンヴュータン／
カフェ・セルボワーズ／コンディトライ・ノイエス／
パティスリーパーク／ベッカライ・ブロートツァイト／
メゾン・ド・プティ・フール／モンブラン／
ル・メッサージュ・デュ・パン／
ロワゾー・ド・リヨン　（あいうえお順）

※本文中、人物名の敬称につきましては省略させていただきました。

Art direction
Sato Yoshitaka (satos')

Design
Shirai Mizuki (satos')

Chapter 1

{ ケーキ }

sponge
shortcake
roll cake
chiffon cake
charlotte
kardinalschnitten
forêt-noire
sachertorte
opéra
mont blanc
cheese cake
zuppa inglese
tiramisù
zuccotto
muffin
wedding cake
bûche de noël
stollen
panettone
christmas pudding

{ スポンジ }

sponge

ショートケーキをはじめ、
様々なケーキに使われる基本の生地である。
ジェノワーズ、ビスキュイと
呼ばれることもある。

ジェノワーズ

スポンジのルーツ

スポンジ[*1]は、15世紀頃にカスティーリャ王国で生まれたものではないかといわれている。その後、カスティーリャの女王イザベルと隣国のアラゴンの王子フェルナンド2世が結婚し、両国の合併により、1479年、スペインが誕生する。スペインで発展したスポンジは、やがてポルトガルにも伝わるが、当時は、「カスティーリャ・ボーロ」と呼ばれていた。ボーロとは、お菓子という意味で、直訳すると、「カスティーリャ王国のお菓子」という意味である。

スポンジはどのようにして誕生したのか?

当時は、一度焼いたパンを日持ちさせるために、パンを薄く切り、もう一度焼き、現在のラスクのような状態にして保存していた。これを「ビスコチョ」(二度焼くの意)と呼んだ。今日の「ビスケット」の祖先である。このように、本来ビスケットは、パンを二度焼きするものであったが、やがて、パンの過程を経ることなく、直接、小麦粉や卵などの原料から作られるようになる。あるとき、卵を泡立てて焼いてみたら、ふんわりしたビスケットが焼けた。つまりスポンジは、ビスケットの一種として誕生した。当初は、型に入れて厚く焼くという発想はまだなく、スプーンなどで天板の上に垂らして、フィンガービスケットのように、焼いていた。今日ある「ビスキュイ・ア・ラ・キュイエール」(スプーンで作るビスキュイの意)という名のビスキュイ生地は、そのときのなごりである。

日本への伝来

スポンジ(カスティーリャ・ボーロ)は、南蛮船により鉄砲などと共に1543年には、日本に伝わる。このときに、日本人の誤解により「カスティーリャ」と「ボーロ」という2つの言葉に分かれてしまう。そして「カスティーリャ」はカステラへと、「ボーロ」は丸いクッキーのようなお菓子へと日本独自の発展を遂げる。鎖国政策のため、その後のクリーム等の製菓情報が伝わらず、生地の部分のみが発展を遂げるのである。すなわち、几帳面な日本人は、気泡を整え、肌理の細かい生地にし、上面も平らな美しい焼き上がりのカステラという究極のスポンジを生み出す。その一方で、そばぼうろ、卵ボーロ(衛生ボーロ)という日本風クッキーをも作り上げるのである。

*1 スポンジには、❶ジェノワーズ=全卵を泡立てて作るもの(共立法)、❷ビスキュイ=卵白を卵黄とは別に泡立てて作るもの(別立法)、の2種類がある。ジェノワーズは、言葉からはイタリアのジェノバで生まれたお菓子のようにも思えるが、イタリアでは、「パネ・ディスパーニャ」(スペインのパン)と呼ばれており、発祥はスペインとされる。ビスキュイは、ジェノワーズに比し、下の写真のとおり生地の肌理が粗い。

チョコレート・ビスキュイ

{ショートケーキ}

shortcake

苺と生クリームと
スポンジでできたケーキのこと。
実はこの「ショートケーキ」、
日本生まれのケーキである。

（上）フレジエ　（下）英米式 shortcake

ショートケーキのルーツ

フランスに「フレジエ」という苺を使ったケーキがあるが、カスタードクリームとバターを合わせたクレーム・ムースリーヌというものを使うので、生クリームで作る「ショートケーキ」とは異なる。

また、アメリカやイギリスにはショートケーキ（shortcake）と呼ばれるお菓子があり、これは苺と生クリームで作られるが、スポンジ生地ではなく、パンとクッキーの中間のような生地を土台にしている。この生地は、小麦粉にショートニングやラードを加え、重曹やベーキングパウダーで膨らませた外側はサクサクで、内側はふっくらとした食感のものである。英国のスコーンとよく似ているが、スコーンに比べ、軽くあっさりしているのが特徴。この食感「サクサクしている」を表わす言葉が short であり、そこから「shortcake」と呼ばれていた。そして、このお菓子がショートケーキのルーツである。

日本風ショートケーキを作ったのは誰か？

スコーン状の生地に単に生クリームと苺を合わせた英米式の shortcake は、日本人の持つ"洋菓子＝高級"という感覚に合致しなかった。また、もともと日本人は、やわらかいものを好むところから、スコーン状の生地のかわりにスポンジ生地が使われるようになったともいわれている。

では、日本にショートケーキを持ち込み、日本風に作り変えたのは誰か？　これには、コロンバンの創始者で、フランスで製菓技術を習得して帰国した門倉國輝という説もあるが、有力なのは藤井林右衛門率いる不二家説*1である。不二家が最初に、ショートケーキを販売したのは、1922年（大正11年）とされるが、ショートケーキは生クリームを使うことから、実際に普及するのは、冷蔵設備が一般に整う1955年（昭和30年）以降のことである。

今日のショートケーキ

フランス菓子を標榜する店では、かたくなにショートケーキを置かないところもある。しかし、日本人の場合、ケーキ＝ショートケーキと考える人が多い。そこで、顧客の要望に応えるため、最近は、外見はショートケーキ、スポンジの間のクリームは、フランスのフレジエと同じクレーム・ムースリーヌ（160頁参照）というケーキも多く登場している。英米のお菓子をベースに生まれた日本式ショートケーキは、今度はフランス菓子の要素も取り入れ、さらなる進化を遂げつつある。

＊1　不二家説が有力とされるのは、❶創始者の藤井林右衛門がアメリカに注目し、現地で洋菓子、喫茶を研究したことと、❷不二家のショートケーキは、側面を生クリームで覆わず、生地がスポンジであることを除けば、英米式のshortcakeに形状が酷似していることによる。

クレーム・ムースリーヌ入りのショートケーキ

{ ロールケーキ }

roll cake

薄く焼いたスポンジ生地の片面に
ジャムやクリームなどを塗り、
巻いたお菓子。ルーロー (rouleau)、
ルーラード (roulade) とも呼ばれる。

ロールケーキ

トルタ・デ・ラランジャ

ロールケーキのルーツは？

これについては、❶スイスのスポンジで巻いたお菓子「ルーラード」に由来するという説、❷フランスのクリスマスケーキ「ブッシュ・ド・ノエル」に由来するという説の2説がある。

日本における
ロールケーキのはじまりは？

日本にロールケーキが伝わったのは16世紀半ばである。ポルトガル人より、カステラなどの南蛮菓子と共に伝えられた。これはトルタ*1と呼ばれるお菓子で、スポンジ生地にジャムを塗って巻いたものだった。正月のおせち料理の「伊達巻」*2のルーツもロールケーキにあるといわれる。*3長崎の「カステラかまぼこ」が、江戸に伝えられ、「伊達巻」(伊達＝おしゃれ)と名づけられたのがはじまりとされる。

スイスロールと
呼ばれるのはなぜか？

日本のロールケーキが一般に普及するのは、昭和30年代に山崎製パンが「スイスロール」の名でスポンジ生地にバタークリームを塗って巻いたものを発売してからである。同社は、スイスの「ルーラード」をもとに、ロールケーキを作ったことから「スイスロール」と名づけた。*4

ロールケーキの日

ちなみに2005年、日本記念日協会により6月6日がロールケーキの日と認定された。「6」の音が、ロールケーキの「ロ」の音と重なり、「6」の字の形がロールケーキの巻いている形状に見えることに由来する。

＊1 「トルタ」という語からは、「タルト」すなわちビスケット生地で出来た皿状のお菓子を連想するかもしれないが、ここでいうトルタは、むしろ「トルテ」に近く、いわゆるケーキのことである（43頁参照）。
＊2 このお菓子を日本風にアレンジし、スポンジ生地で餡を巻いた郷土菓子が四国にある。
＊3 ポルトガルには「トルタ・デ・ラランジャ」(直訳するとオレンジのケーキ) というオレンジ果汁とオレンジピールを加えて焼いたスポンジ生地を、ただ巻いただけのシンプルなロールケーキがある。卵の配合が多い生地で、風味、外見とも伊達巻に酷似しており、日本の伊達巻はこれを模したものともいわれている。
＊4 イギリスでもロールケーキは、「スイスロール」と呼ばれている。イギリスのヴィクトリア女王(在位:1837～1901年)がスイスに旅行した際に持ち帰ったことから、そう呼ばれるようになった。またイギリスでは、厚めに焼いた生地でフルーツやクリームに覆いかぶせるように巻いたものを、生地を渦状に巻き込むロールケーキと区別して、特に「ログケーキ= log　cake」と呼ぶ場合がある。logとは、「丸太」の意味である。

｛シフォンケーキ｝

chiffon cake

chiffonとは英語で、薄い絹布の意。
その名のとおり、絹のようになめらかで、
柔らかい生地のケーキ。
中央部分に中空の突起がある
独特の型（シフォン型）で焼く。

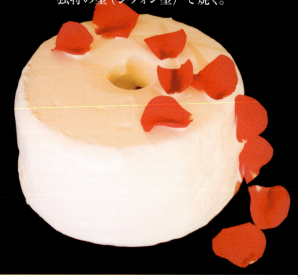

デコレーションを施したシフォンケーキ

シフォンケーキは、いつ、どこで、誕生したのか？

シフォンケーキは、1927年にアメリカ、ロサンゼルスで誕生した。レストランなどにパンを卸していたハリー・ベーカーという人物が考案。彼はアパートメントの一室を秘密の厨房にして、1日40台以上のシフォンケーキを焼いた。そのケーキは、数多くの有名人も購入し、評判となったが、彼はレシピを20年もの間、誰にも明かさなかった。

1947年、この秘密のレシピは、ゼネラルミルズ社に売却され、材料として植物油が使われていることが明らかになった。このレシピは、『Better Homes and Garden Magazine』誌の1948年5月号で紹介され、シフォンケーキブームが起こり、小麦粉と植物油の売上増加に貢献したという。

日本のシフォンケーキ

シフォンケーキは、やわらかいものを好む日本人には、人気のあるケーキの1つであり、近時は、大納言と抹茶のシフォンなど、和風のバリエーションも増えている。

*1　Harry Baker、1884～1984年。保険外交員だったという説もある。当時は世界大恐慌（1929～1933年）、第二次世界大戦（1939～1945年）という大変な時代で、レシピを秘密にしたのも、うなずける。

*2　アメリカには、「エンゼルフードケーキ」と呼ばれる卵白だけで作るふわふわのケーキがある。このケーキの名前は、ケーキの形状がドーナッツ形をしており、天使の頭の上にある輪に似ていることに由来するが、このケーキがシフォンケーキの原型ではないかといわれている。エンゼルフードケーキは、ふわふわで食感はよかったが、油脂を使わないため味わいにコクが足りないという欠点があった。一方で、バターケーキは、コクはあるが、生地が重いという欠点がある。そこで、植物油を使い、ふわふわでありながら、味わいにコクのあるシフォンケーキが考案されたと考えられている。

コーヒーマーブル・シフォンケーキ

{シャルロット}

charlotte

細長く絞ったフィンガービスケット状の
生地を型の中に敷き込み、
ムースやババロアを入れて冷やし固めたものを、
シャルロット仕立てのケーキという。

洋梨の冷製シャルロット。蓋をかぶせたような形

シャルロットの種類と考案者

1　冷製シャルロット
ムースやババロアをビスキュイ・ア・ラ・キュイエール（フィンガービスケット）の中に入れて固めたもの。これは、天才菓子職人アントナン・カレーム（65頁参照）により、ロシア皇帝の宴席のお菓子として作られたものである。[*1] 別名「シャルロット・ア・ラ・リュス（ロシア風シャルロット）」とも呼ばれる。

2　温製シャルロット
ビスキュイ生地やパン生地の上にフルーツをのせて、焼いたもの。別名「シャルロット・ド・フリュイ（果物のシャルロット）」とも呼ばれるが、誰が考案したかについては、❶アントナン・カレームが考案した、❷それ以前から存在したという2説がある。

名前の由来

名前については、❶18世紀末のイギリス国王ジョージ3世の王妃シャーロットの名に由来し、彼女が好んだお菓子にこの名がつけられたという説、❷貴婦人たちがかぶっていたひだ飾りの付いた帽子（シャルロット）の形に似ていることに由来するという説の2つがある。

*1　このようにいわれるのが一般的だが、カレームの著書「王室の製菓人」にはシャルロット・ア・ラ・パリジェンヌというお菓子に関し、「私がパリに店を構えているときに思いついたもので……」という記述があるという。

シャルロット生地を天板に絞ったところ

{ カーディナルシュニッテン } kardinalschnitten

{ フォレ・ノワール } forêt-noire

カリッと焼いたメレンゲと、
ふんわりと焼き上げたビスキュイが交互に連なった生地に、
コーヒー風味のクリームをはさんだケーキ。

名前の由来

カーディナルシュニッテンは、ウィーンを代表する銘菓の1つである。カーディナルとは「枢機卿」、すなわちカトリックの高い地位の聖職者のことを意味する。シュニッテとは、切るという意味（シュニッテンはその複数形）で、四角いケーキを指す。枢機卿は、赤い帽子とマントを身につけていたことから、本来はコーヒークリームでなく、赤すぐりのジャムをはさんで枢機卿を表していた。しかし、ジャムは生地に染込み、変色するので、現在はクリームをはさむのが一般的である。メレンゲの白とビスキュイの黄色の組み合わせはバチカン市国の旗の色に由来するという。

フォレ・ノワールとは、フランス語で黒い森の意味。
さくらんぼとチョコレートで作られたケーキ。

名前の由来

この名前は、ドイツのシュヴァルツヴァルト地方の針葉樹林帯と特産品であるさくらんぼをイメージして作られたシュヴァルツヴェルダ-キルシュトルテ（Schwarzwalder-Kirschtorte＝黒い森のさくらんぼのケーキ）に由来する。ココア風味の生地に、さくらんぼ風味のシロップをたっぷりと浸み込ませ、クリームとさくらんぼをはさむのが特徴。これが、フランスに伝わり、フォレ・ノワールと呼ばれるようになった。

{ ザッハトルテ }

sachertorte

チョコレート風味のスポンジ*¹に
アプリコットジャムを塗り、
特別なチョコレートのコーティング*²を
施したウィーンの銘菓。

ザッハトルテは、どのように生まれたのか?

有力なのは、次の2説である。

❶ウィーン会議(1814〜15年)が開催された折、主催者であり、議長を務めたオーストリアの政治家・宰相のメッテルニヒが、フランツ・ザッハ(Franz Sacher)に会議のためのお菓子を作るよう命じたのがはじまりで、彼の名前をとり、ケーキを「ザッハトルテ」と命名したという説。

❷1832年、メッテルニヒが、特別な客をもてなすためのお菓子を作るよう料理長に命じようとしたが、料理長が病に伏せていたため、見習いの16歳のフランツ・ザッハにその任務を命じ、彼がザッハトルテを作ったという説。

ザッハトルテを巡る争い? 7年戦争

フランツ・ザッハは、ザッハトルテを売り出して財を成し、その後、息子であるエドゥアルド・ザッハ(Eduard Sacher)は、1876年「ホテル・ザッハ」を開業し成功する。しかし、これは彼より15歳年下の妻、アンナの経営手腕によるところが大きかった。アンナの死後、ホテル・ザッハは、財政難に陥る。彼女の息子エドゥアルドは、父と同じ名前で、ハンサムだったが商才はなく、しかも時代は、世界恐慌まっただ中。そこに救いの手をさしのべたのが、ウィーンの王室御用達のケーキ店「デメル(Demel)」の経営者アンナである。アンナは、ホテル・ザッハの専売特許であるザッハトルテをデメルでも販売してよいということを条件に資金援助を行い、このときに製造方法も流出した。ホテル・ザッハとデメルの業務提携は、ウィーンの社交界でも有名となり、エドゥアルドとアンナの間には恋愛関係があるのでは、という噂も流れた。[*3] しかし、2人が他界後、ザッハ家はデメル家に対して、ザッハトルテの名称の使用を禁じる裁判を起こし、なんと、裁判は7年[*4]に及んだ。世にいう「甘い7年戦争」である。結論としては、一応ザッハ側の勝訴となり、オリジナルを名乗るのは、ザッハであるが、デメルも「デメルのザッハトルテ」として、販売してよいことになった。

> ### column
> ### 両者のザッハトルテを比較
>
> ホテル・ザッハのものは、ケーキを横にスライスして、スポンジの間にも表面にもアプリコットジャムが塗られている。ケーキの表面には、丸いチョコレートのメダル(上に乗っている円状のチョコレートのこと)が貼られ、「Original Sacher-Torte」と記され、元祖を名乗っている。一方、デメルのものは、スポンジの表面にのみ、アプリコットジャムが塗られ、三角形のチョコレートのメダルが貼られ、「Eduard Sacher Torte」と記されている。ちなみに、デメルには、「アンナトルテ」というお菓子もある。

---

*1 「ザッハマッセ」と呼ばれるずっしりとした生地。
*2 ザッハトルテのコーティングは「ショコラーデン・グラズュール」と呼ばれる、フォンダンとカカオマスで作るチョコレートフォンダンにより行われる。砂糖水を112℃まで煮詰めてからマーブル台上で少しずつテンパリング(温度操作)して作るが、高度な技術を要する。ザッハトルテの制作上のポイントは、この部分にあるといわれる。
*3 業務提携ではなく、2人が結婚したと説明する文献もある。
*4 9年とする説もある。

{ オペラ }

opéra

コーヒー風味のシロップを打った
薄い生地の間にコーヒー風味のバタークリームと
チョコレートクリームを交互に
薄く挟んだケーキ。[*1]

オペラの生地

オペラの生地は、「ビスキュイ・ジョコンド」と呼ばれるアーモンドパウダーの入った別立て生地である（11頁 *1 参照）。一般的なビスキュイの配合のうち、小麦粉の大部分をアーモンドパウダーに置き換えるので、生地にコクが生まれ、濃厚な味わいのクリームと合わせても負けず、菓子全体のバランスが損なわれない。ちなみに、「ジョコンド」とは、フィレンツェの名士、デル・ジョコンドの夫人リザ（名画モナ・リザのモデルとなった女性）に由来するといわれる。イタリアは、古くから、アーモンドの名産地であり、アーモンドを使ったお菓子には、イタリアにちなんだ名前がつけられることが多い。

オペラの由来については、諸説が唱えられているが、争点ごとに整理すると以下のとおりとなる。

オペラは、いつ、誰によって考案されたのか？

これには、以下の2説がある。
❶1955年に、ダロワイヨの先代社長のアンドレ・カヴィヨン氏が考案したとする説と、❷1920年に、クリシーという菓子店で考案されたとする説である。*2

名前の由来

次の4つの説が主張されているが、オペラ座に由来するという点で共通している。

ここでいう「オペラ座」とは、1875年に完成した「オペラ・ガルニエ」のことを指し、その名は、設計者である、シャルル・ガルニエに由来する。
❶店舗がオペラ座の近くにあったので、考案したケーキにその名をつけたとする説、❷ケーキの構造が、オペラ座の観客席のように層を成していることに由来するという説、❸ケーキの上にのせられている金箔が、オペラ座の上にあるアポロン像がもつ金の琴に見立ててあることに由来するという説、そして最後に、❹オペラ座に出演したチョコレート好きのバレエのプリマのために、ケーキが考案されたことに由来するという説である。

＊1　中央部に生クリームや苺を入れた王冠形のカスタードプリンをオペラと称する場合もある。ケーキのオペラとは別物なので、注意を要する。
＊2　当初はオペラでなく、ケーキの名も店名と同じクリシーであったという。

オペラ座

{ モンブラン }

mont blanc

モンブランの原型は、
モンテ・ビアンコと呼ばれる
家庭菓子である。

モンテ・ビアンコ

モンブランのルーツ

モンブランとは、直訳すれば、「白い山」である。諸説あるが、アルプス山脈に近い地方、フランスのサヴォワ地方やイタリアのピエモンテ州などで食べられていた家庭菓子が原型という説が有力である。これは、甘い栗のペーストに泡立てた生クリームを添えたもので、イタリアでは、「モンテ・ビアンコ」(白い山)と呼ばれている。この菓子が、パリに伝わり、洗練され、現在見られるモンブランができたのではないかと考えられている。

パリで初めてモンブランを供したのは、1903年創業のティーサロン「アンジェリーナ*1」だといわれている。現在のモンブランは、生地の上に生クリームを絞り、それを包むように細い麺状に栗のクリームを絞ったケーキである*3。

日本風モンブランの考案者

フランスのモンブランが、そのまま日本に伝わったのかというと、そうではない。

(上)フランスのモンブラン　(下)日本のモンブラン

近時、日本でも茶褐色の栗のペーストを絞ったものに粉砂糖をかけたフランス風モンブランが多くなっているが、かつての日本のモンブランに使われていた栗のペーストは、黄色であった。これは、栗を栗きんとんのように、くちなしで黄色く染めていたためで、日本独特のものである。

現在、自由が丘に店をかまえる「モンブラン」の初代店主が1933年にフランス・シャモニーを旅した際に、モンブラン峰近くの店でモンブランというお菓子に出会った。それは、生クリームの上にマロンクリームの乗った皿盛りのデザートだった。モンブラン峰とそのお菓子に刺激された彼は、自分の店にモンブランという名前をつけたいと考え、関係者の許可をとり、同名の店を日本に出店した。そして、シャモニーで食した皿盛りデザートをヒントに、持ち帰りができるように昭和初期に考案した独自のケーキが日本におけるモンブランのはじまりである。

初代店主が考案したのは、日本人の口に合うようにと、やわらかなカステラを土台にし、そこにカスタードクリーム、生クリームを絞り、さらにその上から甘露煮した栗を使ったクリームを絞り、一番上に丸いメレンゲを置くという、日本独自のモンブランであった。一番上のメレンゲの円盤は「モンブラン峰の万年雪」を、周囲のマロンクリームは「岩肌」を表しているのだという。自由が丘「モンブラン」で考案された、このケーキが、全国へと拡がっていった。

*1　「アンジェリーナ」のパティシエの夫人がイタリア人だったことから、地方菓子モンテ・ビアンコをヒントにモンブランを考案し、サロンで出されるようになったという説がある。
*2　日本ではスポンジ生地を土台にしたものをよく目にするが、これは日本独特のもので、フランスでは、スポンジではなく、メレンゲである。そのためフランス菓子の教科書では、メレンゲ菓子の一種に分類されている。
*3　上部にクリームを麺状に絞ったケーキの総称としても用いられる場合がある。

{ チーズケーキ }

cheese cake

チーズの歴史は古く、
既に紀元前 3500 年頃のメソポタミアの
石版画や古代エジプトの壁画には、
乳製品の加工の様子が描かれている。

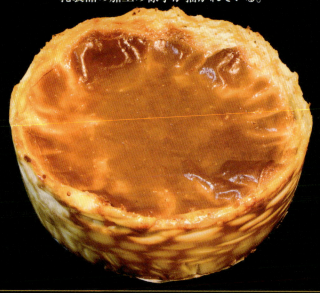

セルニク。青りんごのような酸味のある味わい

チーズケーキのルーツ

チーズケーキのルーツは、❶中近東のチーズと蜂蜜を組み合わせたお菓子が原型であるとする説と、❷古代ギリシャの「トリヨン」が原型であるとする説の2つがある。トリヨンはチーズに乳や卵、小麦粉などを混ぜて茹でたもので、現在のプディングのようなものである。紀元前776年、第1回オリンピック中、選手に供されたという記録もある。現在のチーズケーキの原型は、中世前期に作られたポーランドのポドハレ地方に伝わる白チーズとカスタードクリームを混ぜて焼いた「セルニク」という地方菓子である。これが後に、ポドハレ地方近くの都市クラクフ(ユダヤ人収容所があったところ)のユダヤ人がアメリカに移民したことにより、アメリカに伝わる。1872年、ニューヨークの乳製品加工業者が、フランスのチーズ「ヌシャテル」*1を作ろうとした過程でクリームチーズという新製品を開発し、チーズケーキのバリエーションは一気に拡がった。

日本のチーズケーキ

日本では、既に1873年(明治6年)「万宝珍書」にチーズケーキに関する記載があるが、一般家庭に普及するのは戦後である。現在の日本のチーズケーキ形成につながったのは、1969年に発売されたモロゾフのクリームチーズケーキである。これは当時の社長がドイツで食べて感銘をうけた「ケーゼクーヘン」を再現したもの。ケーゼはチーズ、クーヘンはケーキを意味する。タルト生地を土台にし、クワルクというフランスのフロマージュブランのようなフレッシュチーズを使い、カスタードクリームを混ぜ込んで作るところに特徴がある。別名、カスタードチーズケーキとも呼ばれる。つまり、日本のものは、ドイツ流チーズケーキの影響を大きく受けているのである。

レアチーズケーキの由来

レアチーズケーキの由来に関してはほとんど文献がないが、おそらく、ロシアの「パスハ」(ЛАСХА)に由来すると思われる。パスハとは、ロシアのイースター(復活祭)のことであるが、このときに作られるチーズケーキもこう呼ばれる。カッテージチーズにバターと大量の砂糖を混ぜて作る。側面の「ХВ」はХристосВоскрес(フリートース・ヴァスクレース=キリストはよみがえり給う)の略である。現在のレアチーズケーキは、ゼラチンで固めて作るが、パスハはバターの凝固力で固まっている。

*1 ヌシャテルは、フランスのノルマンディ地方を原産とする昔から作られているチーズで、百年戦争の折、地元の女性がイギリス人兵士と恋に落ち、チーズをハート型にしてプレゼントしたという逸話がある。

パスハ。本来は、彫刻を施した木型で固めて作る

ここで紹介したもの以外にも、チーズを使ったお菓子としては、ティラミス(30頁参照) トゥルト・フロマージュ(46頁参照)、クレメ・ダンジュ(157頁参照)などがある。

{ ズッパ・イングレーゼ } zuppa inglese

{ ティラミス } tiramisù

アルケーメス*1という
赤色のリキュールに浸した
スポンジとカスタードクリームを
交互に重ねたお菓子。

名前の由来

ズッパは「スープ（本来はスープに浸したパンを指した）」を、イングレーゼは「イギリス風」を意味する。すなわち、イギリス風スープという意味である。16世紀半ば、メディチ家から遣わされたコレッジョ公爵を歓迎する宴席のために、トスカーナのシェナ*2の菓子職人が考案したとされる。公爵はこれをいたく気に入り、フィレンツェのメディチ家の宮殿で再現し、「公爵のズッパ」（zuppa del duca）と呼ばれた。メディチ家の宴席でもたびたび供され、特にイギリスからの客人に好まれ、ズッパ・*3イングレーゼと呼ばれるようになった。

*1　聖マリア・ノヴェッラ教会の修道士が考案したリキュール。スパイスやハーブが入っている。赤色は、エンジムシから抽出したエキスに由来する。
*2　シェナ（Siena）はイタリア中部トスカーナにある都市。商工都市として11世紀半ば、コムーネ（都市国家）に成長するが、1555年メディチ家を君主とするトスカーナ大公国に併合された。
*3　19世紀にイギリスからトスカーナに移り住んできたイギリス人が好んで食べたので、この名がついたという説もある。

マスカルポーネチーズのクリームと
エスプレッソコーヒーを浸み込ませた
スポンジを交互に重ねた
しっとりした食感のケーキ。

名前の由来

ティラミスは直訳すると「私を上に引き上げて」という意味。「私を元気にして」、「私を天国に連れて行って」と意訳されることもある。材料のエスプレッソがカフェインを含んでおり、夜遊びをする前に食べられたからこう呼ばれるようになったという。発祥地は、❶ヴェネト州トレヴィーゾにあるレストラン「ベッケリーエ」とする説、❷マスカルポーネチーズを産するロンバルディア地方とする説、❸トスカーナ地方とする説の３つがある。近時、主流は①説で、ベッケリーエのオーナー、カルロ・カンペオール氏の祖母と母が60年代に考案し、スポンジではなくサヴォイアルディというフィンガービスケットを用いて作ったという。一方で、③説も有力で、ズッパ・イングレーゼ同様、「公爵のズッパ」に由来するという。

{ ズコット } *zuccotto*

（左下）アメリカンマフィン　（右上）イングリッシュマフィン

{ マフィン } *muffin*

ズコットは、
チョコレートやナッツを加えて
冷やしたクリームをスポンジ生地で
包んだドーム型の冷菓。

ズコットの誕生

ズコットは、イタリアのトスカーナ地方の伝統菓子のひとつ。イタリアでは、16世紀に製氷技術が開発され、シャーベットやアイスクリームが作られるようになったが、ズコットもその頃に生まれた。史上初のセミフレッド（ソフト冷菓＝アイスまでは凍っていない状態）のお菓子である。

名前の由来

❶聖職者の被る小さな半球状の帽子、ズッケット（zucchetto）に似ていることに由来するという説と、❷形がかぼちゃ（zucca＝ズッカ）に似ていることに由来するという説の2つがある。

＊1　現在は、生クリームを使うものが多いが、伝統的なレシピではリコッタチーズを使う。リコッタとは、ri（再び）cotta（煮る）という意味で、チーズの製造過程でできる乳清（ホエー）に再びミルクを加えて加熱し、凝固させて作ったチーズである。

リコッタチーズにナッツ、チョコレートを合わせ作ったズコット

マフィンには、
イングリッシュマフィンと
アメリカンマフィンの2種類がある。
両者は全く異なるもの。

2種類のマフィンとその由来

イングリッシュマフィンは、18世紀頃からあるイースト発酵させた生地の表面にコーンミールをまぶして焼いた円形の平べったいパンである。マフィン（muffin）の由来には2説あり、❶婦人用の円筒状の毛皮の手温めであるマフ（muff）に由来し、寒い季節、女性たちが焼き立てのイングリッシュマフィンで手を温めたことからこの名がついたという説、❷フランス語の「pain mouffet＝やわらかいパン」が転じたとする説がある。一方、アメリカンマフィンは、生地にバターや砂糖を加え、ベーキングパウダーで膨らませたお菓子である。カップ状の紙の容器に入れて焼くことが多いため、カップケーキ＊1とも呼ばれる。第二次世界大戦後、大量生産しやすいように考案された。アメリカでは、子供の誕生会などに登場するポピュラーなお菓子である。

＊1　カップ型に生地を流し込んで焼いたスポンジケーキやバターケーキの総称である。

最近はパリの朝市でもマフィンは売られている

{ウエディングケーキ}

wedding cake

結婚式に華やかさを添える
ウエディングケーキ。
イギリス式のフルーツケーキ、
フランス風のクロカンブッシュなど、
様々なものがある。

パスティヤージュで作ったウエディングケーキ

ウエディングケーキのルーツ

以下、各地に諸説がある。
❶古代エジプトでは、蜂蜜と小麦粉は貴重品であり、この2つを使ったお菓子が結婚した2人に贈られたことに由来する。
❷古代ギリシャでは、小麦粉で作ったビスケットを細かく砕き、子孫繁栄、五穀豊穣を願い花嫁の頭にかける風習に由来する。
❸ギリシャのロードス島で結婚式のときに出されていたジンジャーブレッドが、後にフルーツケーキとなり、これに由来する。
❹悪魔の嫌う甘いもの(ケーキ)を置いて、魔除けにしたことに由来する。
❺結婚する資格があるかどうか、焼いたビスケットの味で判断してもらうというアメリカの小さな村の風習に由来する。
そのほかにも、聖書や神話に由来するという説など、様々である。

ウエディングケーキの変遷

18世紀に入ると、イギリスでフルーツケーキ(パウンドケーキにドライフルーツを入れたもの)にマジパンやフォンダンを被せ、様々な飾りを施すウエディングケーキが作られるようになる。また、ロンドンの菓子職人ウイリアム・リッチ(1755～1811年)が店の近所にあった「セント・ブライド」教会の尖塔をヒントに、背の高いケーキを考案。1840年、ヴィクトリア女王とアルバート公の結婚式において、3段重ねのケーキが披露され、以後このケーキがウエディングケーキとして定着する。3段のケーキには意味があり、下段のケーキは披露宴に出席した客に、中段は、当日、出席できなかった人々に配られ、上段は結婚1周年記念のために保存される。現代においては、ウエディングケーキは結婚式に彩りを添える「飾り」[*1]として設置し、列席者には別に用意した小菓子を配ることも多い。

フランスのウエディングケーキ

フランスにおいては、小さなシュークリームを積み上げた「クロカンブッシュ」(71頁参照)をウエディングケーキとして作ることもある。式のあとに取り崩し、列席者に配る。

---

*1 装飾菓子を作成するときに用いられるのがパスティヤージュである。パスティヤージュとは、粉砂糖と卵白とゼラチンなどを混ぜたものである。乾燥すると石膏のように、カチカチに固くなるのでいわゆる装飾菓子を作るのに用いられる。16世紀に、イタリアの糖菓職人ジャン・パステーリャが作ったとされる。後に、アントナン・カレームがこの技法を用いて、多くの装飾菓子を制作した。

クロカンブッシュ

フランス { ブッシュ・ド・ノエル } bûche de noël

ドイツ { シュトーレン } stollen

世界のクリスマスケーキ

薪(まき)の形をしたケーキ。
ブッシュ＝木、ノエル＝クリスマスの意味であり、
直訳すると「クリスマスの木」となる。

薪の形の由来

ブッシュ・ド・ノエルは1879年に、パリの菓子店サンソンのアントワーヌ・シャラドが考案したとされる。[*1]
なぜ、薪の形をしているかには、諸説ある。❶キリスト誕生を祝い、夜通し暖炉で薪を燃やしたことに由来するという説、❷樫の薪を暖炉で燃やすと、一年間無病息災で暮らせるという北欧の伝説に由来するという説、❸貧しい青年が、恋人にクリスマスプレゼントを買うお金がなく、薪を贈ったことに由来するという説など。

＊1　ピエール・ラカン（1836～1902年）が創作したという説もある。彼は「製菓職人・氷菓職人」、「製菓覚書」など、天才菓子職人カレーム以降、流行のお菓子に関する卓越した著書を残した人物。

ドイツでは、「シュトーレン」というパンを食べるのが一般的。
バター、ドライフルーツ、ナッツを加えた生地を、
二つ折りにして発酵、焼成した後に、たっぷりの粉砂糖をかけたもの。

シュトーレンの形の由来

ドイツ東部の都市ドレスデンで14世紀頃に誕生したとされるが、もともとは新年や収穫祭などの祝事の折に作られていた。
シュトーレンとは、本来、「棒、坑道」を意味するが、その独特の形状の由来については、次のような説がある。❶キリストのおくるみ、ゆりかごの形を模したもので、粉砂糖は、生誕の日の雪を表しているという説、❷東方三博士がキリストを訪ねたときにもっていた杖を模したものであるという説、❸神父がかける袈裟(けさ)（シュトーレ）を模したものであるという説、❹発祥の地ドレスデンには、ヨーロッパでも有数の鉱山があり、その坑道に由来するという説である。

イタリア｛パネトーネ｝

panettone

たっぷりのバター、卵、
それにレーズンやオレンジピールなどの
ドライフルーツを加えた生地を
パネトーネ菌と呼ばれる
天然酵母で発酵させた甘いパンである。

世界のクリスマスケーキ

名前の由来

大きく2つの説がある。
❶パネ＝パン、トーネ＝大きな、つまり「大きなパン」に由来するという説と、❷パネ＝パン、トーネ＝トニー、つまり「トニーが作ったパン」という意味であるという説である。
②説について1つの物語を紹介しよう。時代は15世紀後半、ミラノをイル・モーロ公爵が治めていた頃のお話。
ウゲットという貴族の青年が、貧しいパン屋アントニオの娘アダルジーサに恋をする。しかし、身分があまりにも違う2人……。ウゲットは、貴族という身分を隠し、アントニオのもとに弟子入りし、自分が焼いたパンがイル・モーロ公爵に認められれば、アダルジーサとの結婚を許すという約束を取りつける。そして、ある年のクリスマス。ウゲットは、親方アントニオに教えてもらったパンを公爵の開催したクリスマスパーティーに献上する。公爵は、このパンをいたく気に入り、パンにウゲットの名をつけることを許す。しかし、ウゲットは、これを辞退、親方アントニオの名をつけたいと申し出た。そして、"Pan di Toni"「トーニ（アントニオの愛称）のパン」と名づけたのだった。結婚を許されたウゲットは、初めて身分を明かす。父娘は、驚くが、ウゲットはそのまま、パン屋としてアダルジーサへの愛を貫いたという。以来、クリスマスにパネトーネを食べると恋が成就するという伝説がある。

＊1　パネトーネ菌は、北イタリアのコモ湖周辺以外では培養しにくい菌といわれ、生まれたばかりの子牛が初乳を飲んだ時に腸で作られる菌に、小麦粉を混ぜて作った特殊な酵母である。

---

column

日本のクリスマスケーキ

日本では、スポンジケーキをベースに、ショートケーキやチョコレートケーキにサンタクロースやクリスマスツリーの飾りをのせたものが主流である。このようなケーキは、不二家が1922年（大正11年）頃から販売を開始した。しかし、クリスマスケーキが一般家庭にも普及するのは、戦後である。最初は、保存性の高いバタークリーム主体のものが多かったが、1980年以降は冷蔵設備が普及し、生クリーム主体のものが広まっていく。近時はフランス型のブッシュ・ド・ノエルのほかにシュトーレンを販売する店も増え、各国のクリスマスケーキを目にすることができる。

イギリス { クリスマスプディング } christmas pudding

世界のクリスマスケーキ

小麦粉とパン粉と卵、砂糖を合わせたものに、洋酒漬けのドライフルーツ、ナッツ、牛脂、スパイスを混ぜ込んで蒸したもの。

クリスマスプディングのルーツ

イギリスでは古くから王の戴冠式のときに肉のシチューが食べられ、庶民も祝祭日にはシチューを食べた。16世紀には、これに流行の食材であったプラムが加えられるようになる。18世紀には、肉や野菜は入れなくなる。また砂糖やフルーツは高価であったことから、庶民は代わりに卵を入れた。このようにして19世紀になって、固形状のクリスマスプディングができ上がった。

クリスマスプディング占い

クリスマスプディングを作るときに、材料をかき混ぜながら願い事をし、指輪やボタンなどを入れる。そして、自分に切り分けられたプディングに入っていたもので運命を占うようになった（たとえば、指輪→早く結婚、指貫やボタン→一生独身、コイン→金持ちになる）。

Chapter 2

{ タルト・パイ }

tarte
linzertarte
amandine
tarte bourdaloue
tarte tatine
tourt fromage
strudel
baklaba
mille feuille
conversation
sacristain
allumette
paille
palmier
chausson
bichon
pithiviers
galette des rois
apple pie

リンツァータルト

{ いろいろな タルト }

tarte

タルトとは、
ビスケット生地や
パイ生地で作った器に
詰め物をした
菓子や料理の総称である。

タルト誕生の背景

人類は手で食事をしていた時期が長かった。肉などの固形物は食べやすいが、蜂蜜やクリームといった液状のものは食べにくい。こぼさないように食べようと思えば直接、器に口をつけてすするしかない。そこで、何かに詰めれば食べやすくなるのではないかと考えられるようになり、そのまま器ごと食べてしまおうと、「食べられる器（皿）」であるタルトが誕生する。古代ローマ時代のトゥールト（tourte）が有名であるが、その発想は既に古代ギリシャ、古代エジプト時代にもあったともいわれる。

タルトレット型に生地を敷き込んだもの

タルトとトルテの分化

タルト（tarte）に似たことばにトルテ（torte）がある。トルテとは、「スポンジ状」の生地にジャムやクリームをはさんだお菓子のことを指す（例：「ザッハトルテ」22頁参照）。いわゆる今日のケーキのことである。このタルトとトルテはかつて同じものだったが、15世紀にはスポンジ生地が生まれ、言葉もタルト＝ビスケット生地、トルテ＝スポンジ生地に分化していったと考えられる。言葉が分化する前は、タルトという言葉がスポンジ生地のお菓子をも含んでいた。

この「タルト」と「トルテ」の分岐点となったお菓子が「リンツァータルト」ではないかといわれている。リンツァータルトの特徴は、シナモン風味の生地にフランボワーズジャムを塗り、その上から格子状に生地を被せる点にある。ジャムを生地で「はさむ」、この生地をスポンジに置き換えれば、スポンジ生地にジャムをはさんだトルテになるというわけである。このようにタルトは、もともと、ビスケット生地で作られた皿状のお菓子を意味していた。それが、やがて今日のケーキをも含んだものとなり、トルテと呼び分けられるようになったのである。

リンツァータルト

シナモン等のスパイスを練り込んだ生地にジャム[*1]を詰め、格子状に生地をかぶせて焼いたタルトである。

名前の由来

18世紀初頭の料理書で既に紹介されている古いお菓子である。初期の頃は、シナモンを用いずに通常のビスケット生地を使って作られていたという。オーストリア発祥であるが、フランスにおいてもタルト・リンツァーの名で親しまれている（60頁参照）。

「リンツァー」の名前の由来については2説ある。
❶オーストリアのリンツを発祥とするからという説、❷リンツ氏が考案したことに由来するという説である。長年、①説が定説であったが、近時、②説が有力となっている。

*1　赤すぐりや木苺のジャムを使う。

アマンディーヌ

アーモンドクリームを流し込み焼いたタルト。様々なタルトの土台としても使われる。

戯曲の中のアマンディーヌ

アマンディーヌは、パリで菓子店を営んでいたシプリアン・ラグノーが、1638年に考案したお菓子である。ラグノーは、菓子職人であるとともに詩人でもあったので、菓子の代金の代わりとして、詩や劇場の入場券でも喜んで受け取っていた。そのため、生活はいつも困窮していたという。後の1897年に、エドモン・ロスタンが戯曲『シラノ・ド・ベルジュラック』の中で、「タルトレット・アマンディーヌ」の製法について言及し、一躍有名となった。
上面にアーモンドスライスを飾り、アプリコットジャムを塗ったタルトレットの形でも供される。

tarte bourdaloue

tarte tatin

ブルダルー風タルト

生地にアーモンドクリームを
流し込み、
その上に果物をのせて
焼いたタルトをいう。

名前の由来

このブルダルーという名前の由来には2つの説がある。
❶ブルダルー通りにあった菓子店で売られていたからという説で、ファスケル（Faquelle）、またはレセトゥール（lesserteur）という名のパティシエが考案したという。
❷説教師ルイ・ブルダルー（Louis Bourdaloue、1651～1704）にちなんで命名されたという説。彼は長い説教を行うことで有名だったという。当初は、洋梨、桃、アプリコットなどの果物を十字の形に飾ったといわれる。

タルト・タタン

上下逆さまに焼くのが特徴のりんごのタルト。

失敗から生まれた名品

このタルトは、りんごのタルトの失敗から生まれた。1890年頃、ラモット・ブーヴロンという町で、ホテル兼食堂「オテル・タタン」を営んでいる姉妹がいた。慌て者の姉ステファニーが忙しさのあまり、りんごのタルトを作るときに、型に生地を敷くのを忘れてりんごだけを入れ、オーブンへ。気がついたときには、りんごがグツグツ煮え始めていた。そこで機転を利かせた妹のカロリーヌが、上から生地を被せて焼き、皿の上にひっくり返し、客に出した。*1 りんごが砂糖とバターでキャラメリゼされ、いい香りが立ち込めていた。その後、このタルトは店の看板商品となった。

＊1　オーブンから出すときに誤ってひっくり返してしまったとする説もある。

{ トゥルト・フロマージュ }

tourt fromage

上部は真っ黒で、横から見ると、
まるでコンロにかけたまま
忘れて焦げてしまった鍋のようだが、
フランスではポピュラーなチーズ菓子である。

トゥルト・フロマージュのルーツ

トゥルト・フロマージュは、もともと、山羊のチーズの名産地として有名なフランスのポワトゥ地方の伝統菓子で、19世紀から作られているものである。作り方は比較的簡単で、型に練り込みパイ生地を敷き、そこに山羊のチーズを混ぜ込んだ卵液を流し込み、高温で焼くだけである。表面を、炭のように真っ黒に焦がすのが特徴。昔、見習い職人が、チーズタルトを焼く際に、間違って高温の釜に入れてしまい、表面が真っ黒になってしまったのがはじまりだという。トゥルトという語の由来については、❶タルトという語に由来するという説、❷お菓子の上部がカニの甲羅に似ており、カニ（トゥルト）に由来するという説、❸型の名称である「トゥルチエール」に由来するという説がある。

お味の方は？

実際食べてみると、表面のコゲは、さほど気にならないし、下半分はしっとりしていて、後に、ほのかに山羊チーズを彷彿とさせる味わいが残る。見かけとは異なり、上品な味である。

このお菓子、フランスではスーパーでも売られている。しかし、専門店の場合、ケーキ屋ではなく、チーズ屋で売られている。というのも、フレッシュな山羊チーズは入手が難しく、その上、水分が多く計量しにくいからである。同様の理由で、最近は、山羊のチーズではなく、牛乳から作ったチーズを使う場合が増えている。

---

column

チーズの歴史

チーズの製法の発見については、アラビアの遊牧民の話が興味深い。遊牧民たちは、ヤギや羊の胃袋を水筒代わりにして、そこに乳を入れて携帯していたが、あるとき飲もうとすると、中から白い塊が出てきて驚いた。これがチーズのはじまりだという。化学的には、羊の胃袋に残っていたレンニンという酵素が乳に作用して、乳を凝固させ、高い気温と移動による振動で脱水が生じ、チーズが作られたと推測される。チーズの製法は紀元前1000年にはヨーロッパにも伝わり、とりわけ古代ギリシャでは盛んに作られた。

バクラバ

｛パイ生地｝

パイ生地とは、
一般に小麦粉を水で練った
弾性のある生地で
バター等の油脂を包み、
これを層状に
折り上げたものをいう。

パイ生地のルーツ

パイ生地の特徴は、「油脂」と「層」の2点にある。この観点からすれば、紀元前1200年頃のものと推定される古代エジプトのラムセス3世の墓の壁画には、生地に油を塗り巻いた「ウテン・ト」と呼ばれるお菓子が描かれているといわれるので、パイ生地はその頃から存在していたことになる。ギリシャ、トルコ、アラブ諸国などには、今でもパート・フィロと呼ばれる極薄の生地に油脂を塗り、何枚も重ねて焼く「バクラバ」というパイ状のお菓子があり、パイの祖型と言われる。

現代のパイ生地を考案したのは？

それでは、現在のようなバターを折り込むパイ生地は、いつ頃、誰が考案したものなのか？ これには次の2説がある。❶クロード・ジュレ（Claude Gelee 1600〜1682年）が考案したという説。クロード・ジュレ（通称ロラン）は、画家になりたかったが、家が貧しかったため、菓子屋の見習い職人となった。ある日、バター生地を作るつもりが、バターを入れ忘れ、仕方なく生地の間にバターをはさみ、よく混ぜようと何度も折りたたんだ。これを焼いたところ、生地は層をなして膨らんだ。ロランはこれで金を得、その後、フィレンツェに渡り、風景画家として名をなしたという。❷コンデ公爵家の製菓長のフイユ（Feuillet）が考案したという説。フランスではパイ生地のことをフイユタージュ（Feuilletage）と称するが、別名パート・フイユテとも呼び、それは、フイユの名前に由来するという。ちなみに、フイユタージュには、薄くはがれる菓子、ページをめくるなどという意味がある。

パート・フィロ

staudel

シュトゥルーデル

生地を紙のように薄くのばし、
いろいろな詰め物を
巻き込んだお菓子である。

由来

シュトゥルーデルとは渦巻きの意。日本の海苔巻きのように長く巻いて、切って供する（理由については60頁参照）。現在では、ウィーンの銘菓として知られるが、発祥はトルコといわれる。日本では、りんごを巻いたアプフェルシュトゥルーデルが有名だが、ウィーンでは、りんごに限らず様々な果物を巻いたり、野菜を巻いた塩味タイプのものもある。中華料理の春巻の祖型ともいわれる。

(上)アプフェルシュトゥルーデル
(下)ミルヒラムシュトゥルーデル
（チーズクリームとレーズンを巻いたもの）

baklaba

バクラバ

バターを塗ったパート・フィロ[*1]を
何枚も重ねてナッツを包み、
シロップをしみこませたお菓子

由来

主にギリシャ、アラブなど中近東が発祥といわれる。このお菓子は菱型に切って供されることが多い。

＊1　パート・フィロ (patefillo)。とうもろこしの粉と小麦粉で作った薄い生地のフィロ (filo) は、phyllo とも書かれ、ギリシャ語の phyllon（葉、薄い板状の物）に由来する。同じルーツをもつと考えられる生地にパート・ブリック (pate brick) がある。こちらは小麦粉、油、塩で作られる。チュニジア風春巻きの皮に使われる。

ナポレオンパイ

{ ミルフィユ } mille feuille

キャラメリゼしたサクサクとした
3枚のパイ生地の間に
クリームをはさんだお菓子。

名前の由来

Mille は千、feuille は木の葉の意。森の落ち葉のように幾重にも重なり合ったパイの様子に由来する。[*1,2]

ミルフイユを考案したのは誰か?

アントナン・カレームだとする説と、1800年頃、ルージェ（Rouget）という菓子職人が得意としていたという説がある。

＊1　日本では、ミルフィーユと発音されることが多いが、フィーユ（fille）は娘さんの意で、直訳すると「千人の娘さん」という意味になってしまうので要注意。

＊2　ミルフイユには、様々なバリエーションがある。日本では、パイとクリームを重ねたお菓子をミルフイユと呼ぶが、特に苺をはさんだものを、「ナポレオンパイ」（フランス語では、ミルフイユ・オー・フレーズ）と呼ぶ。ナポレオン皇帝が被っていた帽子に形が似ていることや、数あるお菓子の中の「皇帝」を意味することから、そのような名前がつけられたという。また、ミルフイユの上部にフォンダンをかけ、いわゆる矢羽模様などをつけたものは、「ミルフイユ・グラッセ」と呼ばれる。

chapter 2 - タルト・パイ　(51)

コンベルサッシオン

パイ生地に
アーモンドクリームを入れ、
グラスロワイヤル[*1]で覆い、
さらにパイ生地を
格子状に飾ったお菓子。

名前の由来

「コンベルサッシオン」とは「会話」という意。その名前の由来については、様々な説が唱えられている。
❶当時のベストセラー「エミリーの会話」(conversations d'Emilie)（デピネー夫人[*2]著）の題名からとったという説。
❷表面の格子模様が会話を表しているからという説。フランスでは、左右の人差指でXを作る動作は「会話」を意味し、格子模様はX模様の連続なのでこの名がついた。
❸このお菓子を食べるときの音に由来するという説。焼けた表面の砂糖の部分やパイがサクサクと音を立て、それが人のおしゃべりのように聞こえるという。
❹このお菓子を食べると会話がはずむことに由来するという説。

＊1　卵白と粉砂糖を混ぜたもの（飾り用糖衣）のこと（127頁参照）。
＊2　デピネー夫人は、男女の性差というのは、自然的なものではなく人為的なものであるとして、女性の能力を開発するための女子教育の必要性を唱えた女性である。

サクリスタン

細長いパイ生地をねじって焼いたお菓子。もともとは、余ったパイ生地で作ったまかない料理（菓子）だった。サクリスタンとは、教会の聖具係の意味である。パイのねじれた形が、燭台（しょくだい）の下方のねじれた部分に似ているところから名付けられた。

アリュメット

パイ生地の上面にグラスロワイヤルを塗り、細長くカットして焼き上げたお菓子。このパイ菓子は、19世紀の中頃、フランスに住むスイス人菓子職人プランタにより考案された。ある日、余ったグラスロワイヤルに小麦粉少々を加え、パイ生地の上に塗って焼いたのがはじまりとされる。アリュメットとは、マッチ棒の意である。

パイユ

パイ生地を何枚か重ね合わせ、縦に四角く切って焼いたお菓子。パイユとは、本来、麦、麦わらを意味するが、焼き上がった菓子の表面に、パイの層が麦のようにまっすぐに現われることからこの名がついた。

ショーソン

楕円形のパイ生地にりんごやあんずのコンポートをのせて二つ折りにし、表面に模様を施して焼き上げたお菓子。ショーソンとは、布や皮製のやわらかい靴や上靴、つまり、スリッパを意味する。半月状に膨らんだ形状がこれに似ていることから名づけられた。

パルミエ

パイ生地を両端から巻いて中央で合わせ、薄く切り、表面に砂糖をまぶして焼いたお菓子。パルミエとは、パームヤシのことで、その葉に形が似ていることからこう呼ばれる。日本では源氏パイ[*1]という方が通りがよいだろう。日本では小型のものが多いが、フランスなどでは人の顔くらい大きなサイズのものがある。

*1　1965年に三立製菓より発売された。翌1966年放映のNHK大河ドラマが『源義経』だったことにあやかって名づけられた。

ビション

作り方と形状はショーソンと同じ。ショーソンは表面に木の葉のような模様をつけているが、ビションは表面にたっぷりの砂糖をまぶしつけている。その砂糖の効果により、ショーソンに比べると生地の膨張が抑えられる。焼き上がった表面に砂糖の細かい粒が残り、そのさまが白く短くカールした毛をもつビション犬に似ていることからこの名がついた。レモンクリームを入れることが多い。

{ピティビエ}

pithiviers

パイ生地の中に
アーモンドクリームを入れ、
表面に放射線状の模様を
施した伝統菓子である。[*1]

ピティビエ・フイユテ

ピティビエのルーツ

フランス・オルレアネ地方ピティビエ発祥のお菓子。こんな逸話がある。

ときの国王シャルル9世（在位1560～1574）が愛人マリ・トゥシエを訪問した帰り道、ピティビエ近くのオルレアンの森で強盗団に囚われてしまう。王は、このとき強盗団から与えられた食べ物（お菓子）をいたく気に入り、解放された後、それを作ったピティビエの菓子職人に王室御用達の特権を与えた。以後、この菓子職人は、そのお菓子をシャルル9世が乗っていた馬車の車輪に模して作るようになったという。

アーモンドクリーム（クレーム・ダマンド）の由来

現在、ピティビエの中に入れられるアーモンドクリーム（159頁 クレーム・ダマンド参照）は、1506年にピティビエの菓子職人が作ったとされる[*2]。それは現在のピティビエの祖形とされる「ピティビエ・フォンダン」のアーモンドケーキの配合にかなり近い。つまり、アーモンドケーキからアーモンドクリームが生まれ、後に現代風のパイ生地と結びついて今日のピティビエが生まれたと考えられる。現代のピティビエの中身として、伝統のアーモンドケーキは今日も生きているのである。[*3,4]

*1 本来はアーモンドケーキにフォンダン（糖衣）をかけ、上に砂糖漬けのフルーツを飾った「ピティビエ・フォンダン（グラッセ）」と呼ばれる菓子であった。これに対して現在のピティビエはピティビエ・フイユテと呼ばれる。
*2 オルレアネ地方ロワレ県ピティビエの町のプロヴァンスィエールという菓子屋だという説がある。
*3 パイ生地の考案者フイユがピティビエ・フォンダンを丸ごとパイ生地で包んで作ったのが、ピティビエ・フイユテのはじまりとする説がある。
*4 ピティビエ・フォンダンの上に飾りとしての

っている緑色のものを「アンジェリカ」という。日本の蕗（ふき）に似た植物の茎を砂糖漬けにしたもので、ケーキの飾りなどに用いる。原産地は北ヨーロッパで、バイキングが伝えたという説もある。中世にペストが流行したおりに、ペストに効くといわれ、フランスのニオールの修道院で栽培されるようになった。アンジェリカは、フランス語でアンジェリック（angelique）と呼ばれ、ラテン語angelicus「天使」が語源とされる。病気を治してくれる天使のような香草ということでこの名がついた。これをニオールの修道女が食べやすいように砂糖漬けにしたという。飾りとして用いるほかに、ピュレにしてアイスクリームに入れたり、そのまま食べたりもする。

(上)(中)ピティビエ・フォンダン (下)アンジェリカ

｛ガレット・デ・ロワ｝
galette des rois

ガレットとは、
円形に平たく焼いたお菓子の総称で、
ロアは王様。
直訳すると「王様の丸いお菓子」。

(上) ガレット・デ・ロワとタルトを模したフェーブ　(下) ガレット・デ・ロワ

「公現節」とは何か?

ガレット・デ・ロワは、クレーム・フランジパーヌ[*1]（161頁参照）を入れて焼いた丸いパイである。フランスでは、1月6日の「公現節」（エピファニー）[*2]に、このお菓子を食べる[*3]。聖書によれば、東方に住む3人の博士が、救世主が誕生したことを示す大きな赤い星が空に輝いているのを見つけた。その星のあとをラクダで追うこと12日間[*4]、エルサレムに近いベツレヘムという場所にある馬小屋にたどり着き、3人の博士はそこで生まれたばかりのイエス・キリストに会い、宝物を捧げた[*5]。これにより、救世主（キリスト）が「公」に「現」れたことが、知られ、「公現節」といわれるようになった。つまり、みんながキリストが生まれたことを知った日のことである。この3人の博士（＝賢人・預言者）は、のちに3人の「王」という風に解釈されるようになる。つまり、遠い異教徒の国からも王がやって来て、キリストの誕生を祝った、キリストはそれぐらい偉大だと解釈した。このように公現節はキリスト教に由来するが、新年を祝うために甘いお菓子を食べる風習は、もともとはユダヤ教に由来するともいわれる。

フェーブの由来

このお菓子の中には「フェーブ」という王様の形をした陶器製の人形[*6]が1つ隠されていて、それに当たった者は、紙の王冠をかぶり、王として祝福されるという風習がある。フェーブとは、フランス語で「空豆」の意味である。空豆は胎児の形に似ていることから、古来より生命の復活、再生を象徴するものとして考えられてきた。古代ローマの収穫祭では、既にパンに入った空豆を当てたものは、1日だけ王となれるという風習があった[*7]。

パン・デ・ロワ

*1　日本ではアーモンドクリームを入れる場合が多いが、フランスでは、伝統的にクレーム・フランジパーヌを入れる。したがって、クリームの種類とフェーブの有無が、ピティビエとガレット・デ・ロワの違いである。また、ガレット・デ・ロワは、貧しい者でも買えるように、ピティビエに比し薄めに作られるという説もある。
*2　北仏ではパイだが、南仏ではブリオッシュ生地でリング状に焼いたパン・デ・ロワが作られる。スペインではロスコン・デ・レジェス、ポルトガルでは、ボーロ・レイと呼ばれる同様のお菓子がある。
*3　近時は1月の最初の日曜日に食べる。
*4　キリストの誕生日12月25日＋12日＝1月6日
*5　クリスマスプレゼントの習慣は、これに由来するという説がある。
*6　現在は、王の人形以外に、お菓子を模ったものなど様々な形のものがある。
*7　空豆くじに関しては、13世紀、スペインのカタルニアの教会で布教活動のために行ったキリスト生誕劇に大勢が押しかけた際、菓子に空豆が入っていた人を当選者としたという逸話がある。また、これに習い、16世紀、ある修道院で後継者選びに悩んだ司教が銀貨の入ったパンを食べた者を後継者としたという話もある。

{アップルパイ}

apple pie

皿状に成形したパイ生地に
リンゴをのせて焼いたお菓子。
国によって様々なタイプがある。

アメリカのアップルパイ

アップルパイのルーツ

アップルパイにはりんごとパイ生地が欠かせない。りんごは、中央アジア山岳地帯等の寒冷地が原産であるとされている。その後、16世紀頃には、ヨーロッパでも栽培されるようになる。一方、パイ生地が生まれたのは17世紀頃。それ以前にもシュトゥルーデルのようなパイ生地の原型ともいうべきものが存在していたことを考えると、16世紀にはアップルパイの原型は作られていたと思われる。[*1]

アップルパイのお国柄

興味深いのは、国によりアップルパイの形状が様々なことである。たとえば、オーストリア版はアプフェルシュトゥルーデル（50頁参照）と呼ばれ、巻き寿司のようにパイ生地でりんごを巻いて作る。イギリス版は、底に生地を敷かず、深皿に入れたりんごの上に上生地のみを被せて作る。日本人が思い浮かべるりんごがパイ生地に包まれたアップルパイを生んだのはアメリカである。オランダ系の移民またはドイツ系移民がりんごでアップルバター[*2]を作り、これをパイ生地で包んで焼いたのがアメリカのアップルパイのはじまりである。アメリカでりんごが栽培されるようになった経緯には、❶1635年にボストンに農場を持っていたウィリアム・ブラックストン牧師の手によってもたらされたという説と、❷イギリスからアメリカ大陸に渡ってきたピルグリムによってもたらされたという説がある。フランスのアップルパイは、タルト状の底生地だけのものが多いが、ジャルジー（jalousie）という独特の形状のものもある。ジャルジーとは、帯状に切ったパイ生地の上に、アーモンドクリームを塗り、煮たりんご等をのせ、さらにその上から、蛇腹状のパイ生地で蓋をして焼いたパイ菓子である。

ジャルジーの名前の由来については、2説ある。❶上にかぶせたパイ生地の蛇腹模様が、家の窓のよろい戸（ジャルジー）に似ているからという説と、❷ジャルジーという語がギリシャ語のZelus＝嫉妬（英語のジェラシー）に由来し、焼けたパイの表面がめくれ上がった様が、嫉妬の様相を連想させるからという説である。

*1 もともとは、イギリスやオランダで作られていたお菓子で、15世紀頃には作られていたという説もある。
*2 アップルバターとは、りんごを無濾過のりんごジュースで煮詰めて作ったりんごのペーストである。砂糖を入れないのでジャムではない。バターも使用しないが、バターのようにコクがあることから、アップルバターと呼ばれる。

ジャルジー

column

ウィーン菓子

ウィーン菓子は、ハプスブルク家の歴史と深く関わっている。ハプスブルク家は13世紀後半から19世紀初頭までの640年間という長い間、オーストリアを中心に栄えた王家である。もともと、スイス東北部発祥の弱小貴族であったハプスブルク家は、戦いではなく、婚姻政策によって他国と縁組みしては領土を拡大し、ドイツ、オランダ、ベルギー、イタリア、フランス、スペイン、ハンガリー……とヨーロッパ全土にわたる巨大な帝国を築いた。そのため、オーストリアの中心、ウィーンには各国の食文化が伝わった。たとえば、ザッハトルテ（22頁）など多くのウィーン菓子に使われるチョコレートは、もともとスペインがヨーロッパにもたらしたものである。またウィーンは、中近東、東欧とヨーロッパをつなぐ交易の中心地でもあり、アラブ諸国や東欧の食文化の影響も色濃く受けている。たとえばシュトゥルーデル（50頁）は、もともとはアラブのバクラバ（50頁）に由来するお菓子だといわれる。一方で、オーストリアから他国に伝わったとされるお菓子も数多い。クグロフ（110頁）然り、クロワッサン（170頁）然りである。リンツァータルト（44頁）も、オーストリアの商業都市リンツを商用で訪れた旅人がこれをお土産として持ち帰ることでヨーロッパ全土に拡がったとされる。ウィーン菓子の形状の特徴として、カーディナルシュニッテン（20頁）のように細長く作ってカットするお菓子が多いことが挙げられる。これはハプスブルグ家が敬虔なカソリック教徒で、丸型のケーキ（トルテ）は、切り分ける際に、十字をきることになるので、昔は特別なお菓子しか丸型に作ることが許されなかったためといわれる。

Chapter 3

{ シュー }

chou cream
eclair
paris-brest
saint-honore
pont neuf
polka
puit d'amour
religieuse
pet de nonne
profiteroles
croquembouche

｛シュークリーム｝

chou cream

「シュークリーム」という言葉は、
シュー（仏語＝キャベツ）と
クリーム（英語）を合わせた
和製語である。*1

シュー生地の起源

シュー皮は、水にバターを入れ、沸騰したら小麦粉を入れて糊化させ（写真1）、適量の卵を加えたルー状の生地（写真2）を、オーブンで焼いて作るのが一般的である。最終的に焼く前に、一度火を通すという珍しい生地である。

一旦火を通した料理かお菓子のルー状の材料が、シュー生地になったといわれており、それが何であったのかについては諸説がある。❶ゆでたじゃがいもを潰し、マッシュポテト状にしたものに卵を混ぜたものであったとする説、❷ルー・ブラン（小麦をバターで炒めたもの）であったとする説、❸クレーム・パティシエール（159頁参照）であったとする説である。また、製法については、オーブンのなかった時代は、ルー状の生地を加熱するには、茹でるか、揚げるかしか方法がなく、シューの原型は、「揚げシュー」（ベニエ・スフレ）であるといわれている。

現代型のシューが完成したのはいつか？

シューの製法の伝来については、様々な記述があるが、1533年にイタリアのメディチ家のカトリーヌ姫の輿入れの際に、その製菓人によりフランスに伝わり、その後、改良が加えられ、1760年、ジャン・アヴィス（Jean Avice）により完成されたという説が一般的である。

日本への伝来

日本にシュークリームを伝えたのは、幕末に来日し、横浜に西洋菓子店を開いたサミュエル・ピエールというフランス人である。その後、1896年（明治29年）頃、米津風月堂で、シュークリームやエクレアが売られているが、一般庶民に拡まるのは、冷蔵設備が普及する昭和30年代以降である。

＊1　フランス語では、シュー・ア・ラ・クレーム（chou a la creme＝クリーム入りのキャベツ）、英語ではクリーム・パフ（cream puff）という。
＊2　詳しくは、70頁ペ・ド・ノンヌの項参照。またシュー生地をゆでたものは「ニョッキ・パリジャン」という料理になる。
＊3　アヴィスは、アントナン・カレーム（65頁参照）が、「バイイ」で修行したときのシェフ・パティシエ。

（写真1）

（写真2）

｛エクレア｝

eclair

シュー菓子の一種。
シュー生地を細長い形に焼き、
クリームを注入して表面に
チョコレートやフォンダンをかけたもの。

由来

エクレアは、19世紀初頭に、アントナン・カレームが考案したという説が有力である。*1 エクレアとは、フランス語で「雷、稲妻」を意味するが、なぜ、このような名がついたかには、以下の説がある。❶生地を焼いたときにできる表面の亀裂が稲妻に似ているからという説、❷表面にかけられたチョコレートやフォンダンが稲妻のように光るからという説、そして❸中のクリームが飛び出さないように、稲妻が光るが如く、素早く食べなければならないからという説である。

サランボとカロリーヌ

エクレアを短く絞ったお菓子にサランボとカロリーヌがある。
サランボ (salammbô) は、古代カルタゴを描いた、フロベールの小説「サランボー」に由来する。
一方、カロリーヌ (carolines) は、スペイン人の踊り子に恋をした菓子職人コクランが彼女のファーストネームをつけたものである。

カロリーヌ

> ### column
> ### アントナン・カレーム
> Marie Antoine Careme、1784〜1833年
>
> フランス料理史上に、天才製菓人、天才料理人として名を残す人物である。
> カレームは、1784年6月8日に日雇い労働者であった父の25番目の子供としてパリで生まれる。しかし、10歳のときに父親に捨てられ、安食堂の主人に拾われ、独学で読み書きを学んだ。15歳の頃、ナポレオンの外相タレーラン御用達の菓子と料理の仕出し店として有名だった「バイイ (Bailly)」に見習いとして入る。カレームは非常に仕事熱心で、主人のバイイに可愛がられ、王立図書館へ彫刻や建築物のスケッチをしにいくことを認められた。ここでの勉強が後にアントルメやピエスモンテ (組立菓子) の傑作を生み出す土台となる。また、この店で菓子職人ジャン・アヴィスとも出会い、大いに影響を受けたという。バイイの店にいるときにタレーランの屋敷に仕出しに行き、そこで腕を見込まれた彼はお抱えの料理人兼製菓人として12年間働く。ウイーン会議ではフランス料理の粋を集めた宴席を演出し、ヨーロッパ各国にその名が知れ渡った。彼の華麗な職歴の幕開けである。その後、ロシア皇帝アレクサンドル1世、オーストリア皇帝フランツ1世、イギリス皇太子 (のちのジョージ4世) の料理長を歴任する。彼は「華麗なる菓子職人」「パリの宮廷菓子職人」「フランスの給仕長」「19世紀のフランス料理術」といった著作物も残し、19世紀近代料理最高の巨匠と称えられている。

＊1 アントナン・カレームはシュー生地を完成させたアヴィスの弟子である。絞り袋の発明や、シャルロットの考案もしているので、シュー生地を絞り袋を使って、シャルロットのように細く絞り焼くことを思いついても不思議ではない。また、フォンダンが発明されたのが、1823年とされていることからすれば (127頁参照)、年代的にも一致する。

{ パリブレスト } *paris-brest*

{ サントノーレ } *saint-honoré*

シュー生地をリング状に絞り出し、
焼いた生地を真横に切り、上下の生地の間に
プラリネ（ナッツペースト）のバタークリームをはさんだもの。[*1]

由来

これには2説ある。❶1909年、パリーブレスト間の鉄道開通を記念して、鉄道の車輪を模して作られたとする説と、❷1891年、パリーブレスト間の自転車レース開催を記念して自転車の車輪を模して作られたとする説である。一般的には②説がよく知られ、これによれば、レースの沿道にあった菓子店メゾン・ラフィットの菓子職人ルイ・デュランが、エクレアをリング状に絞り出して作ったのがはじまりだという。[*2]

*1 アーモンドスライスをトッピングして焼いたり、粉砂糖を振りかけて供することが多い。日本では、プラリネが一般的でないせいか、生クリームを絞り、各種フルーツで飾ることも多く、リングシュー（英語＋フランス語の和製語）と呼ばれることもある。
*2 レースに参加している選手にパワーをつけてもらおうと、カロリーの高いプラリネ風味のバタークリームをはさんだという説がある。

パイ生地のふちに、キャラメルをつけた小さなシュークリームを貼り付け、
クレーム・シブースト（160頁参照）を絞ったお菓子。[*1]

由来

考案者については、❶1840年頃[*2]、シブーストが考案したとする説と、❷シブーストの店で働いていたオーギュスト・ジュリアン（161頁参照）が考案したとする説がある。また、名前の由来については、❶シブーストの店がサントノーレ通りにあったからとする説と、❷サントノーレが菓子屋とパン屋の守護神であるサントノーレに捧げられたものであったからとする説がある。[*3]
最後に、サントノーレの原型だが、❶当初から今の形であったとする説と、❷はじめは周囲に飾られていたのは、丸めたブリオッシュだったとする説がある。

*1 最近は、ミニシューを積み上げクリームを絞ったプチガトーとして作られることが多い。
*2 1860年とする説もある。
*3 正確には、菓子屋の守護神はサン・ミッシェル（聖ミカエル）で、サントノーレ（聖オノレ）とは、660年頃の司教で、ある日、ミサを行っているときに、神からパンを授かったとされる人物であり、パンの守護神である。

{ポンヌフ} pont neuf

他のパイ菓子の残り生地を型に敷き込み、そこにシュー生地とカスタードクリームを混ぜたものを絞ったお菓子。

名前の由来

ポンヌフとは、パリのセーヌ川にかかる橋の名前で、直訳すると「新しい橋」という意味。1604年に建造され、今ではセーヌ川にかかる「最古」の橋といわれる。この橋は、セーヌ川に浮かぶ「シテ島」の先端を直角に横切って、右岸と左岸をつないでおり、上空から見ると、十文字の形になる。この風景を模してポンヌフの上部には細く切ったパイ生地を十文字に飾って焼き上げたものに、ジャムと粉砂糖でデコレーションを施す。もともとは、クロゼイユ（赤すぐり）と粉糖でデコレーションしていたが、最近はフランボワーズ（木苺）やカシス（黒すぐり）を用いる場合が多い。橋ができた頃に考えられた伝統的なお菓子の1つである。

ポルカ

パイ生地のふちに
シュー生地を絞って焼き、
中にクレーム・シブーストを入れて
表面をキャラメリゼしたお菓子。

名前の由来

19世紀は音楽や演劇にちなんだ名前のお菓子が多く作られたが、このお菓子の名称は、1830年頃起こったチェコの民俗舞曲であるポルカに由来する。次のピュイダムールとの違いに注意。

ピュイダムール

底のある筒状のパイ生地の中に
クレーム・シブーストを絞り、
表面をキャラメリゼしたもの。
ジャムを入れる場合もある。

由来

直訳すれば、「愛の井戸」だが、「愛の泉」と訳される場合もある。ポルカとの違いはすべてパイ生地という点である（シュー菓子ではないが、ポルカと混同されることが多いのでここで紹介した）。
由来については、❶1843年オペラ・コミック座で大成功を収めた喜歌劇「ピュイダムール」にちなんで作られたとする説と、❷1737年にヴァンサン・ド・ラ・シャペルが創作したという説がある。

ルリジューズ

大小ふたつのシュークリームを
重ねたお菓子。
上下のシューを繋ぐように
バタークリームで、
デコレーションを施す。

名前の由来

ルリジューズとは、修道女を意味する。もともとは大きなピエスモンテ（組み立て菓子）であった。
1856年、パリのフラスカティという菓子店で作られたのが、はじまりであるという説が有力である。今でも、パリのパティスリーではよく見かけるポピュラーなシュー菓子である。

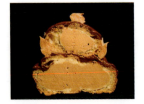

ペ・ド・ノンヌ

シュー生地を小さく揚げて、
砂糖をまぶしたお菓子で、
いわゆるベニエ・スフレ*1
である。

名前の由来

ペ・ド・ノンヌは「尼さんのおなら」という意味で、なんともユーモラスな名前。由来については、次のような話がまことしやかに伝えられている。18世紀後半のある日のこと。スイスに近いドゥ地方のポム・レ・ダム修道院の尼さんが、シュー生地を作っているときに"いたして"しまい、恥ずかしさのあまり、揚げ油の中にうっかりシュー生地を落としてしまったのがはじまりだという。*2 お菓子におならというのは下品だからと、「スーピール・ド・ノンヌ」（Soupir de nonne）と呼ばれることもある。こちらは、「尼さんのため息」という意味。

*1 揚げて膨らむお菓子のこと。これがシュー菓子の原型であると考えられている。
*2 逸話としてはおもしろいが、年代的には、矛盾が生じる。

プロフィトロール

小さなシューにクリームや
アイスクリームを詰めて、
チョコレートなどの
ソースをかけたお菓子。

名前の由来

プロフィトロールとは、本来、「プロフィ（利益）を生む生地」、つまり、「膨らむ生地」を意味する。このプロフィトロールは、やがてシューの大掛かりなピエスモンテ（組み立て菓子）であるクロカンブッシュへと発展していく。

クロカンブッシュ

小さなシューを円錐型に積み、
アメ細工やドラジェなどで
デコレーションを施した
組み立て菓子。

名前の由来

シューとは、本来キャベツの意味で、ヨーロッパでは赤ちゃんはキャベツ畑で生まれるという伝承から、このお菓子には子孫繁栄や五穀豊穣を願うという意味が込められている。そのため、結婚式や洗礼式などの宗教行事において欠かせないお菓子である（35頁参照）。
クロカンブッシュ（croquembouche）の語源は、「croque en bouche」で、キャラメルで固めた小さなシュークリームが、カリッ（croque）と音をたてて、口（bouche）の中（en）で崩れる様子を表わしている。結婚式などの後、とり分けてみんなで食べる。

column

シュー生地で作るいろいろな形のお菓子

cygnes

シーニョ
シュークリームを白鳥のように組み立てたもの。日本では「スワン」の名称で知られる。

souris

スウリー
ヨーロッパで愛玩動物として親しまれているハツカネズミを模したもの。

chouquettes

シューケット
シュー生地にあられ糖を散らし、小さく焼いたもの。

glands

グラン
ドングリを模したもの。

marguerite

マルグリット
ひなぎくの形のフィユタージュ（パイ生地）、またはパートブリゼ*¹の縁にシュー生地を絞り、フルーツを飾ったもの。

paniers

パニエ
バスケット（かご）を模したもの。

*1 甘くないパイ状のタルト生地。

Chapter 4

{ 焼き菓子 }

pain d'epices, quatre-quarts
cake, weekend
tourte des pyrénées, madeleine, pain de gênes
financier, tigre
visitandines, biscuit de savoie
brownie, baumkuchen
gâteau a la broche, galletes bretonnes
gâteau breton, gâteau busque
dauphinois, scone
cookie, cigarettes
tuiles, lange de chat
snow ball, crepe
waffle/gaufre/wafer
belgian waffle, french waffle, american waffle
dutch waffle, japanese waffle
meringue, macaron
dacquoise, cannelés

｛パン・デピス｝

pain d'epices

パン・デピスの epices とは、スパイスのこと。
直訳すると「スパイス・パン」。

（上）パン・デピス　（下）アルザスのパン・デピス

パン・デピスのルーツ

パン・デピスは、生地にシナモン、ナツメグ、アニス、クローブといったスパイスとたっぷりの蜂蜜を入れる。そして、バターは入れず、強力粉を使うので、パウンドケーキとはかなり味わいが異なる。[*1]

その起源は、10世紀頃、中国で兵士の保存食とされていた「ミ・コン」というパンのようなもの。これがモンゴル、中東に伝わり、11世紀頃、十字軍の遠征でヨーロッパに伝わり、パン・デピスと名を変えて、ケーキの一種として供されるようになった。その後、ハンガリー、ドイツ、オランダ、ベルギーなどの東欧諸国でも食べられようになる。フランスに伝わったのは14世紀頃といわれている。1369年ブルゴーニュ公国のフィリップ3世に嫁いだフランドル地方[*2]のマルグレット王女により伝えられ、ブルゴーニュの首都、ディジョンでも作られるようになったという説のほか、フィリップ3世がフランドル地方遠征中に持ち帰ったという説もある。[*3]

アルザスのパン・デピス

フランスのアルザス地方のクッキータイプのパン・デピス。ドイツの貧しい老巡礼者が、アルザスのヴィレ村で世話になった家族にお礼に製法を伝えたのがはじまりとされる。ハート形や動物形をしたスパイスクッキーであり、ベルギー、オランダ等のスペキュロス[*4]というクッキーのフランス版である。12月6日のサン・ニコラ[*5]の日に子供たちに配られる。

*1 直径5〜6㎝、厚さ3㎝くらいの小型のパン・デピスを「ノネット(nonnette)」という。若い修道女(あるいは、小さな修道女)の意味である。中にブルーベリーなどのジャムが入れられている。修道院で尼僧が作っていたことから、その名がついたといわれる。
*2 フランドル地方とは、フランス南部、オランダ南部、ベルギー西部にまたがる地域一帯を指す。英語ではフランダース。「フランダースの犬」の舞台となった地域である。
*3 フランスのランスで作られるパン・デピスも有名。ディジョンのパン・デピスが小麦粉のみで作られるのに対し、ランスのものはライ麦を加える。
*4 スパイス風味のビスケット。ドイツ語圏では、シュペクラティウスと呼ばれる。
*5 サン・ニコラ(Saint Nicolas)は、子供の守護聖人。殺された子供を生き返らせたという伝説がある。343年12月6日没。ベルギー、オランダ、ドイツ、フランス東北部では、12月5日の夜、サン・ニコラが良い子にプレゼントを配るとされる。この風習がアメリカに移り住んだオランダ人により伝えられ、キリストの生誕と融合し、12月24日夜にサンタクロースがプレゼントを配るというクリスマスの風習となったという。

(上)ノネット (下)サン・ニコラを型どったスペキュロス

カトルカール

パウンドケーキのこと。
バターケーキの代表格。

ケーク

フランスでは、
ケークとはフルーツケーキの
ことを指す。

名前の由来

カトルカールとは、フランス語で「4分の1が4つ」という意味。バター・砂糖・卵・小麦粉を4分の1ずつ混ぜ合わせて作ることからそう名づけられた。材料を1ポンドずつ混ぜて作ることから、英米ではパウンドケーキと呼ばれる。

バターケーキでは、バターをよくかき混ぜ、空気を含ませる。焼くとその空気が膨張して生地を押し上げて膨らむ。フランスではこのような膨らむ生地をパート・バチュ・プッセ（pates＝生地、battues＝強くかき混ぜる、poussees＝押すの意）と呼ぶ。

由来

ドライフルーツを入れたパウンドケーキのこと。ケークアングレ（Cake Anglais＝イギリスの菓子）と呼ばれることもある。ケークとはアングロサクソン（英米系）の言葉であり、またドライフルーツなどいろいろなものを混ぜることから、イギリスのプラムプディング[*1]に由来すると考えられている。

＊1　プラムプディングとはイギリスの伝統菓子。クリスマスプディングとも呼ばれる（40頁参照）。プラムなどのドライフルーツの洋酒漬けやスパイスが入った蒸し菓子で、クリスマスに食べられることが多い。

ウィークエンド

レモン風味の
バターケーキのこと。
パウンド型で焼き、
薄くグラス・ア・ロ（糖衣）をかけ、*1,2
乾燥させる。

名前の由来

ウィークエンドという名前の由来については、❶日持ちがよいので、母親が平日の余裕があるときに作っておき、週末に家族で食べることに由来するという説と、❷週末にバカンスに出掛けるときにもっていったからという説がある。

＊1　上部の膨れた部分を切り取り平らにして、ひっくり返して底部を上にし、金の延べ棒のような形で供する場合も多い。
＊2　ウィークエンドは、中力粉や強力粉を配合する場合が多く、カトルカールやケーキに比べて生地がややカチッとした食感に仕上がる。

トゥルトデピレネー

大きなブリオッシュ型で焼くため、巨大マフィンのような形になる。アニス酒で風味するのが特徴。

名前の由来

トゥルトの語源は、ラテン語のtortusで、「丸いパン」を意味する。ピレネー地方の伝統菓子で、バターケーキの一種である。その形は、ピレネー山脈を模しているとも言われる。
カトルカールに比べ小麦粉の配合が多めなので、やや乾き気味で固めの食感である。

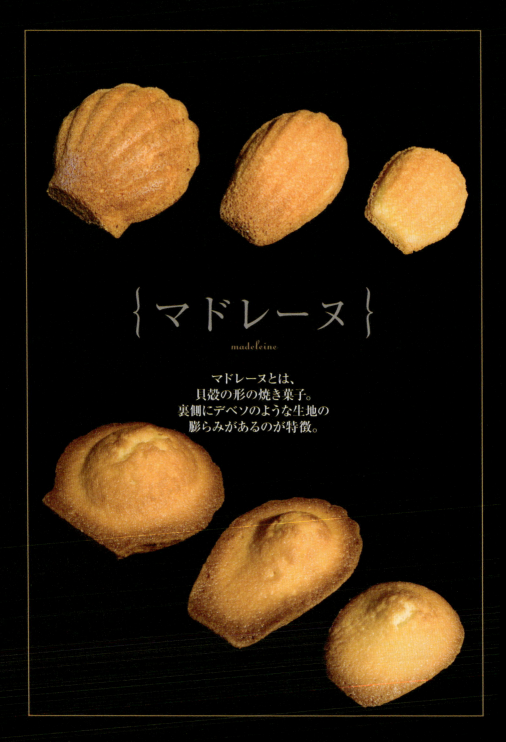

名前の由来

以下の5つの説がある。

❶フランスのロレーヌ地方の領主レクチンスキーが晩餐会を開こうとしたところ、菓子職人が仲間と喧嘩をして出て行ってしまった。そこで、急遽、料理上手の女中がお菓子を作ったところ、レクチンスキーが気に入り、女中の名前をとって、マドレーヌと名付けたという説。*1

❷フランスのロレーヌ地方コメルシーの町に住む料理人マドレーヌ・ポールミエ（Madeleine Paulmier）により考案されたもので、この料理人の名に由来するという説。*2

❸アヴィス（63頁参照）という菓子職人が、カトルカールの生地を、小さなゼリー型を使って焼いたもので、形が小さくかわいらしいところからマドレーヌと名付けたという説。

❹マドレーヌ「Madeleine」（仏語）は、ラテン語の「Sancta Maria Magdalena」サンクタ・マリア・マグダレーナに由来し、いわゆるマグダラのマリア信仰から、お菓子にマドレーヌという名がつけられたとする説。*3

❺マドレーヌという名前の少女が、サンチャゴ・デ・コンテスポーラへの巡礼者に、このお菓子を供していたという説。

貝殻の形の由来

これには、❶マドレーヌは、日持ちするので巡礼の旅にも携帯されたが、いつしか巡礼者にとって、聖なるものであるホタテの貝殻を模して焼かれるようになったとする説。そして、❷名前の由来⑤説で紹介した少女が、巡礼者の証明と同じ貝型を使ってお菓子を焼いていたことに由来するという説の2つがある。*4

日本の平たい菊型のマドレーヌの由来

昔、パン・ド・ジェーヌ（80頁参照）というお菓子が日本に伝わった際、マドレーヌと混同され、その型がマドレーヌの型として使われたことによる。

＊1　レクチンスキーは、このお菓子をルイ15世の元に嫁ぎ、ベルサイユ宮殿で暮らす愛娘マリー王妃のもとにも送り、このお菓子はパリ中で人気を博した。
＊2　マドレーヌは、町の名物として売り出されたため、今でも、このお菓子をマドレーヌ・ド・コメルシー（Madeleine de Commercy）と呼ぶことも多い。
＊3　パリのマドレーヌ教会（寺院）は、聖マグダラのマリアを祭るパリにあるカトリックの教会である。
＊4　巡礼とは、信者が聖地を訪ねる旅のこと。巡礼者は、通行証として首からホタテの貝殻をぶら下げていた。その由来については、❶聖ヤコブが漁師出身でホタテの貝殻を家紋としていたから、❷巡礼者が貝殻を皿代わりにして食べ物を恵んでもらったからなど諸説ある。

菊型のマドレーヌ

パン・ド・ジェーヌ

パン・ド・ジェーヌとは、アーモンドを主体としたスポンジケーキ状の焼き菓子。表面にアーモンドスライスが貼り付けられている。

名前の由来

パン・ド・ジェーヌとは、「ジェノバのパン」の意。ジェノバは北イタリアの都市の名である。1800年、フランス軍は敵軍に包囲されながらも3か月にわたり、ジェノバを死守。指揮官であったマセナ元帥に敬意を表し作られたのがパン・ド・ジェーヌである。当時、食糧が底をつき、米とアーモンドで生き延びたというエピソードからアーモンドを主体としたお菓子となった。このお菓子は、当初「ガトー・ダンブロワジー」[*1]と呼ばれたという。アンブロジーとは、オリンポスの神々の食べ物で、これを食べたものは不死身になるという言い伝えがある。

*1 その後、「ガトー・ド・ジェーヌ」と名を変え、現在の「パン・ド・ジェーヌ」となった。

フィナンシェ

フィナンシェは、アーモンドパウダーと小麦粉、卵白、砂糖、焦がしバターを混ぜ合わせて作った焼き菓子[*1]。

名前の由来

フィナンシェとは、フランス語で金融家という意味であり、1890年刊のピエール・ラカン著「フランス菓子覚書」には、証券取引所近くのサン・ドゥニ通りに店を構えていた菓子職人ラヌ（Lasnes）が考案したものとの記述がある。証券取引所のフィナンシェ（金融家）達が背広を汚さずに素早く食べられるように工夫されたという。

*1 フィナンシェは金の延べ棒を模したインゴット型という長方形の型で焼くのが特徴であるが、近時は、オーバル型、パウンド型など様々な形で焼かれている。

ティグレ

フィナンシェと同様の生地を
サバラン型で焼き、
チョコレートクリームを
入れたお菓子。

名前の由来

ティグレは、英語でいうとタイガー（虎）。フィナンシェの生地にチョコレートを入れて焼くため、チョコレートのまだら模様が虎を連想させたことから、この名がついたという。

ヴィジタンディーヌ

フィナンシェと
同様の生地だが、
花のような模様が付いた
小さな丸型の型で焼く。*1

名前の由来

ロレーヌ地方に1610年に設立された「聖母訪問会」（L'ordre de la Visitation Saint-Marie）により作られはじめ、この会の修道女がヴィジタンディーヌと呼ばれたことからその名がついた。

＊1　近時は舟形に焼く場合も多い。

{ ビスキュイ・ド・サヴォワ } biscuit de savoie

{ ブラウニー } brownie

小麦粉とコーンスターチが同量入った
ふかふかで軽くてさっくりしたケーキ。
スイス、イタリアに隣接するフランス・サヴォワ地方の伝統菓子。

ビスキュイ・ド・サヴォワのルーツ

これには次の2説がある。

❶1348年、フランス・シャンベリーのサヴォア伯爵の城に、後の神聖ローマ帝国皇帝カール4世が訪れたとき、サヴォワ伯爵アメディオ6世はまだ若干14歳だった。そこで側近たちはある演出を行うことにした。歓迎の宴が終わる頃、騎士が馬に乗って城と領地をかたどった大きなお菓子を運んできた。上には王冠がのっていて、領地と爵位をカール4世に献ずるという意味を表していた。カール4世はこの演出を気に入り、サヴォア伯爵はローマ帝国の司教総代理の要職に任ぜられたという説。

❷1416年サヴォワ地方のシャンベリーで、アメデ8世がジャン・ド・ベルビルという人物に、自分の城をかたどったお菓子を作らせ、上に王冠をのせてドイツ皇帝に贈ったところ、公爵の位を授かったという説。

ブラウニーとは、
チョコレートやナッツの入った
アメリカ[*1]の家庭菓子である。

ブラウニーのルーツ

ブラウニーの名が初めて文献に登場するのは、1896年ボストンの料理学校の教科書である。これは糖蜜のケーキを小さな金型で焼いたものであったという。そのブラウニーの由来については、以下の3つの説がある。

❶チョコレートケーキを作ろうとして、うっかりベーキングパウダー（膨張剤）を入れ忘れたのがはじまりとする説。

❷1892年にパーマーハウスホテルで、昼食の弁当のデザートに手を汚さずに食べられるお菓子として考案されたという説。

❸イギリスやヨーロッパの伝説上の妖精、ブラウニーに由来するという説。ブラウニーとは、人の家に棲みついて、夜中にこっそりと家事をやっておいてくれる茶色い毛で覆われた妖精のこと。

*1 近時は、フランスのショコラティエなどでもよく見かける。

{バウムクーヘン}

baumkuchen

切り口が年輪状の模様をしたお菓子。

バウムクーヘンのルーツ

ドイツ語で、バウムは木、クーヘンはケーキを表し、直訳すると、「木のケーキ」。このバウムクーヘンの原点は紀元前からあるギリシアのオベリアス（Obelias）である。これは、小麦粉で作った一種のパン生地を細長くひも状に伸ばして木の棒に巻き付け、直火にかざして焼き上げたもので、狩猟採集生活をしていた頃に、獲物に芯棒を通して丸焼きにしたやり方を応用したもの。15世紀に入ると、甘味が加えられ、シュピースクーヘン（Spiesskuchen）という菓子が焼かれるようになる。16世紀には生地を平らにして巻きつけるようになり、17世紀末になり、ようやく液状の生地を芯棒にかけて焼く方法が考案される。ただ、はじめの頃は、生地を面でかけるのではなく、細く垂らすというやり方ではなかったかと思われる（86頁参照）。現代のような切り口が年輪状になるバウムクーヘンが完成するのは18世紀に入ってからである。

近代のバウムクーヘン

近代バウムクーヘン発祥の地として知られるのはドイツのザルツヴェーデル（Salzwedel）である。*1 この地で、近代バウムクーヘンの「元祖」を巡り、ヘニング家とヴルシュレーガー家の争いがあった。ヘニング家は、最古のバウムクーヘンのレシピを有し、元祖であると主張。一方のヴルシュレーガー家は、宮廷料理人の末裔（まつえい）で、ドイツやウィーンの宮廷にバウムクーヘンを納めていたとして元祖を主張した。1920年、ヴルシュレーガー家の系統を受け継ぐ人物が両方の店を買い取り、この争いに終止符が打たれた。

日本への伝来

日本にバウムクーヘンを伝えたのは、カール・ユーハイムである。中国・青島（チンタオ）で菓子店を経営していたカールは、第一次世界大戦で進軍した日本軍に強制連行され、多くのドイツ人とともに広島県似島にいた。1919年、広島物産陳列館（現在の原爆ドーム）で開かれたドイツ作品展示即売会に、カールはバウムクーヘンを出品した。これが日本最初のバウムクーヘンである。そのしっとりとしたおいしさは、会場を訪れた日本人を驚かせ、あっという間に売り切れたという。第一次世界大戦後、カールは日本で菓子店を開店。店頭にいつもディスプレイされていたバウムクーヘンは、当時「ピラミッドケーキ」と呼ばれ、客の注文に応じて切り分けて売っていた。1960年代に入ると、その名は「ピラミッドケーキ」から「バウムクーヘン」に改められて、一般的に知られるようになったという。

*1　ザルツヴェーデルは、ザクセン・アンハルト州の最北部の町。ポーランド＝リトアニア連合王国のサコティス（87頁コラム参照）というお菓子をもとに、バウムクーヘンが作られたという説がある。

{ガトー・ア・ラ・ブロッシュ}

gâteau a la broche

直訳すると「串刺しのケーキ」。
フランスの南西部ガスコーニュ地方の
伝統菓子で別名「ガトー・ピレネー[*1]」
とも呼ばれる。

バウムクーヘンとの違い

このお菓子は、バウムクーヘンの祖形（84頁参照）だともいわれる。*2 薪を円錐型に整形して棒を通し、生地を細く垂らしつつ、暖炉で回しながら焼く。このため表面に、生地を垂らしたあとが細い筋模様として残る。また断面にバウムクーヘンのような年輪模様は表れない。出来上がりの形も筒状でなく、円錐型で、立てると木のように見えるので、パリではクリスマスツリーに見立てて、クリスマスシーズンに売られることが多い。*3

由来

このお菓子の由来については、次の2つの説がある。❶オーストリア出身の女性がピレネーの山奥の羊飼いの家に移り住み、じゃがいものピュレで焼いたのがはじまりとする説と、❷18世紀頃にナポレオンの部隊が東欧の国で製法を学んで持ち帰ったという説である。

現在でも、ピレネーの山奥では、昔ながらの製法で焼いている場所がある。材料には、小麦粉、卵、砂糖、バターなどが用いられ、パウンドケーキ同様の配合の生地で作られる。大きなものになると1本焼くのに、1時間以上かかるという。

＊1　フランスの南西部のピレネー山脈をはさみ、スペインと国境を接する地域が発祥なのでこう呼ばれる。
＊2　1400年代のバウムクーヘンは、このような姿であったともいわれている。
＊3　本来バウムクーヘンはクリスマスに作られていたお菓子である。
日本では、バウムクーヘン＝ドイツで、ドイツ全土で日常的に食べられているようなイメージがあるが、一種の地方菓子で、バウムクーヘンの発祥地といわれるザルツベーデル以外の地域では、ドイツ人でも食べたことがない人がいるという。バウムクーヘンが最もポピュラーなのは日本である。

---

column

サコティス
sakotis

サコティスは、ガトー・ア・ラ・ブロッシュ同様、バウムクーヘンの祖形と呼ばれている。これはリトアニアの伝統菓子で、16世紀にリトアニアのトラカイで生まれたといわれる。

こんな伝説がある。16世紀、バルボラ女王が重要な招待客をもてなすための素晴らしい料理のアイディアを募集する。褒美をもらって恋人を喜ばせようとしたある若者が必死に新しい料理を考える。試行錯誤の末、余った生地を木の棒に巻き付け、暖炉の火で直に焼いたところ、大きな木のような形のお菓子が出来た。女王はこのお菓子をたいそう気に入り、なんでも褒美にくれるという。若者は女王のネックレスと指輪を希望し、それを恋人に贈り、幸せな結婚をした。以来、サコティスは結婚式のお菓子として親しまれている。

galettes bretonnes

ガレット・ブルトンヌ

ブルターニュ地方の伝統菓子で、
甘さとともに塩味が感じられる
ザックリとした食感の
厚手のビスケット。

由来

ブルターニュ地方は、イギリス海峡に出っ張った地域で、その昔、アングロサクソンにイギリスを追われたケルト人が移り住んだ地域である[*1]。このときに、イギリスで作られていたショートブレッドも伝わり、これがガレット・ブルトンヌになったといわれている。日本では、直径5cm前後のものが多いが、現地では20cmくらいの大きなものもある。小さく薄いものは、パレ・ブルトンと呼ばれる。

[*1] イギリスは、英語ではグレート・ブリテンだが、フランス語では、グラン・ブルターニュ（大きなブルターニュ）である。ケルト人は、移り住んだ土地を「小さなブルターニュ」という意味でブルターニュと名づけた。

gâteau breton

ガトー・ブルトン

ガレット・ブルトンヌと
外見が似ている。
スポンジ状のバターケーキで、
ブルターニュ地方の伝統菓子。

由来

ガトー・ブルトンも、ガレット・ブルトンヌ同様、小麦粉、卵、砂糖のほか、この地方特産の有塩バターを使って作られるが、こちらはベーキングパウダー（膨張剤）を加えるため、ガレット・ブルトンヌに比べるとふんわりとした食感。表面に卵を塗り、独特の筋目模様を施す。祭りやキリスト教の行事の際に作られる。

[*1] ブルターニュは三方を海に囲まれていることから、漁業も盛んで、船上でバターが使用できるよう、保存性を高めるためにバターに塩を加えるようになったという。世界的に有名なゲランドの塩は、ブルターニュ南部のゲランド半島の特産品である。

gâteau basque

dauphinois

ガトー・バスク

バスク地方の伝統菓子。
しっとりとしたクッキー生地に
特産のダークチェリー*¹を入れ、
表面に独特の模様*²を施す。

由来

ガトー・バスクの原型は、とうもろこし粉とラードのクッキー状のお菓子で、17世紀にバスクの温泉町カンボ・レ・バンで作られた。18世紀になると季節のジャムをはさむようになり、特産のダークチェリーを入れたものが有名となる。19世紀にある女性がほかの町に売りに行ったところ好評で、バスク人*³のお菓子としてガトー・バスクと呼ばれた。19世紀末にはカスタードを入れたものも作られるようになった。

*1 スリーズ・ノワール（仏：cerise noire）。
*2 ローブリュー（Lau buru）と呼ばれる、卍のデザインが多い。Lau＝4、buru＝頭で、4つ頭を意味する。バスクの4都市の象徴とする説、四季の太陽を意味するという説などがある。本来は、スリーズ・ノワールを入れたもののみ、卍のデザインをつけることができる。
*3 バスク人は言語学的特徴からアジア系遊牧民の末裔ともいわれる。

ドフィノワ

くるみの名産地ドフィーネ
（現ローヌ地方）の伝統菓子。

由来

ローストしたくるみをキャラメルソースと合わせサブレ生地ではさんだ焼き菓子。ドフィーネの属するアルプス地方は、スイスに近く、このお菓子はスイスのエンガディナー・ヌッストルテというお菓子のフランス版といえる。エンガディナーもくるみの名産地。1800年頃、エンガディン地方の菓子職人が一時イタリアやフランスに移住し、戻ってエンガディナー・ヌッストルテを作ったという説もある。

> *column*
>
> **包むお菓子**
>
> 一般にタルトは皿状のお菓子で上生地はない。ガトー・バスクやドフィノワのような包むタイプは珍しく、東洋由来のお菓子ともいわれる。生地の材料も粉とラードが使われるなど類似点が多い。ドフィノワは西洋版の月餅に見えなくもない。

chapter 4 - 焼き菓子 （89）

{スコーン}
scone

スコーンとは、
イギリスのスコットランド地方で生まれた
パン菓子の一種で、
アフタヌーンティーには、欠かせないもの。

スコーンのルーツ

粗挽きの大麦粉を使って焼いたバノック（bannock）というお菓子がその起源とされ、文献に初めて登場するのは1513年といわれる。19世紀半ばに、ベーキングパウダーやオーブンの普及によって、現在の形になった。

名前の由来

名前の由来は、❶スコットランドの古いことばゲイル語のSgonn（ひと口大）から来ているという説と、❷イギリス・スコットランドのパースにある「スコーン城」の歴代国王の戴冠式に使用された椅子の土台の石が The Stone of Scone または The Stone of Destiny（運命の石）と呼ばれ、それに由来するという説がある。後者の説が有力。そのため、スコーンは、石の形に焼き上げられることが多い。その神聖な石としての由来からナイフは使わず、縦に割らずに手で横半分に割って食べるのがマナーとされる。*1

アフタヌーンティーの由来

アフタヌーンティーは、1840年代イギリスのベッドフォード公爵夫人であったアンナにより始められた習慣である。当時の上流階級の食生活は、たっぷりの朝食、軽い昼食、オペラ鑑賞など夜の社交が終わってからの遅い夕食というパターンで、昼食と夕食の間の時間がかなり空いていた。そこで、ある日、小腹を満たすため、メイドにお茶とパンやケーキを用意させたのがはじまりだという。これが習慣となり、友人も招待する「午後のお茶会」＝アフタヌーンティーとなっていった。*2

*1　スコーンが焼き上がるとき、側面に亀裂が入るのが成功の証とされるが、これは、俗に「狼の口」といわれる。
*2　日本では、「おやつ」の時間というが、このことばができた江戸時代は、1日2食で、さすがに、それではお腹が空くので、「八つの刻」（14～16時）に軽食をとるようになった。これが「お八つ」である。

---

column

「運命の石」とは

伝説によれば、古代エジプトのツタンカーメン王の玉座の下にあった石だという。もともとの名は「ヤコブの枕石」。出エジプトをするモーゼの先祖であるヤコブがこの石を枕に寝ていたところ、神様が現れた。目覚めたヤコブはその石を立てて、信仰の記念としたという。その後、ユダヤ教の難民によってアイルランドに持ち込まれた後、スコットランドに運ばれ、王の戴冠式に使われるようになった。話はまだ終わらない。1296年、スコットランドに勝利したイングランドは、スコットランドを強制併合。この時、石はイングランドに運ばれ、以後、イングランド国王の戴冠の玉座として用いられるようになった。しかし、1996年、スコットランドに返還され、現在はエディンバラ城にある。大きさは66×41×28センチ（みかん箱よりひとまわり大きいくらい）、重さ約152キログラムである。

{ クッキー } cookie

小麦粉にバター、
砂糖などを合わせて焼いたお菓子。
さっくりとした食感のものが多い。

名前の由来

ケーキや焼き菓子を意味するオランダ語である「koek」（クーク）に由来する。もともとは、オーブンの火加減を確かめるために、生地を少しオーブンに入れてみたのがはじまりだという。18世紀にアメリカに移住したオランダ人が拡めたともいわれる。

column

クッキー、ビスケット、サブレの違い

ビスケットは、パンの保存性を高めるために2度焼いたことに由来し（11頁参照）、イギリスでは海軍用の保存食として用いられた。昭和46年に定められた日本の公正競争規約によれば、糖分と油分の合計が全重量の40％以上のビスケットをクッキーと呼ぶとされた。一方、サブレはフランスのノルマンディー発祥のバタークッキーである。その由来は、❶発祥都市の名前サブレに由来するという説と、❷sable（砂）に由来するという説、❸17世紀にサブレ公爵夫人が考案したという説がある。サブレの方がクッキーよりもバターの割合が高い。

シガレット

シガレットとは、薄く焼いたクッキー生地を筒状に丸めたお菓子のこと。形状が、巻きたばこに似ているので、この名がついた。シガレット生地（パータ・シガレット）は、ケーキの生地に模様をつけるのによく用いられる。

ラングドシャー

薄く平べったく焼いたクッキー。直訳すると、猫の舌。名前の由来については、❶生地を楕円形に絞って焼くので猫の舌の形に似ているという説と、❷生地の表面のザラザラした感触が猫の舌に似ているという説がある。

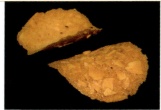

チュイル

チュイルとは、フランス語で瓦の意。生地を薄く伸ばして焼き、熱いうちに瓦のような反りをつけるためこの名がついた。フランス版の瓦せんべいといったところ。アーモンドスライスを貼り付けた「チュイル・オ・ザ・マンド」やレース状の生地の「チュイル・ダンテル」などが有名。

スノーボール

スノーボールとは、丸く焼いたクッキー生地に粉砂糖をまぶし、雪の玉に見立てたアメリカの家庭菓子である。ほろほろと口の中で崩れる食感が特徴。フランスでもブールドネージュ（Boule de Neige＝雪の玉）と呼ばれる同様の家庭菓子がある。スノーボールが材料にアーモンドパウダーを用いるのに対し、ブールドネージュはアーモンドダイスを用いて作られることが多い。

{クレープ}
crepe

小麦粉を牛乳と卵で溶いた生地を
鉄板でごく薄く焼いたものをいう。

(下) クレープ・ダンテル

クレープのルーツ

フランス・ブルターニュ地方のそば粉のガレット（Galettes de sarrasin）*1 に由来する。ブルターニュ地方は、土地がやせていて、小麦粉が育たず、かわりにそばを栽培し、そば粥にして食べていた。ある日、そば粥を焼けた石の上に落としたところ、香ばしく焼けたのがはじまりとされる。ガレットという名は、フランス語の galet（ガレ＝小石）から名づけられた。

名前の由来

17世紀、ルイ13世妃アンヌ王女がブルターニュを訪れた際にガレットをたいそう気に入り、宮廷料理に取り入れたという。その後、生地の材料に変更が加えられ、そば粉が小麦粉へ、また牛乳、卵、バター、砂糖なども加えられるようなった。名称も、生地が縮緬状に焼き上がることから、ちりめんを意味する「クレープ」*2 と呼ばれるようになった。現在では、フランス風の薄焼きパンケーキの総称となっているが、そば粉を利用したクレープについては依然「ガレット」と区別する場合が多い。ほとんどの場合、小麦粉のクレープは生地に甘みがつけられるが、そば粉のガレットは通常塩味でバターや具をのせて食べることが多い。*3

聖燭祭とクレープ占い

フランスでは、2月2日は「聖母マリアお清めの日」（Chandeleur＝聖燭祭）で、信者がロウソクをもって行進する。丸い形が光の形に似ているとして、この日にクレープを食べる習慣がある。クレープを使った占いも行われる。左手にコインを握ったまま、右手でクレープを返し、上手に返ったら幸福な1年になるという。1812年、ナポレオンはこの占いを行い途中で失敗。その年の10月、モスクワからの撤退を余儀なくされたという。

クレープ・ダンテル

ブルターニュの地方菓子である。薄焼きのクレープを何枚も重ねて巻き上げ、乾燥させたようなお菓子。春巻きの皮だけを巻いて揚げたような食感で、菓子屋が出来損ないのクレープを折りたたんで置いていたら、乾燥してパリパリになったのがはじまりといわれている。ダンテルとは、レース編みという意味。

＊1　フランス語では、そば粉は Ble Sarrasin。直訳するとサラセンの小麦。サラセンとは、イスラム帝国のことである。中国南部を起源とする「そば」は、8世紀頃アジアからインドに伝わり、12世紀頃には十字軍の遠征によりイスラム世界からヨーロッパに伝わった。フランス北部は小麦栽培の北限を越えており、そばを栽培した。
＊2　ラテン語の波をうつという意味の crispus が語源といわれる。
＊3　最もスタンダードなのは「ガレット・コンプレット」で、具はハム、チーズ、卵である。他にイワシのガレット、ソーセージのガレットなどもある。ブルターニュ地方は、ぶどうも育たないため、ワインではなく、りんごで作ったシードルという発泡酒をガレットとともに食する。

イワシのガレット

ゴーフレットを焼いているところ

{ワッフル/ゴーフル/ウエハー}

waffle / gaufre / wafer

格子模様のついた焼き菓子。
一般に、ワッフルはふんわりとした生地で、
ゴーフルとウエハーは
パリッとした生地のことが多い。

ワッフルのルーツと伝播

古代においては、パン生地に卵、牛乳、蜂蜜、スパイスなどを加えてお菓子を作っていたが、これらは、古代ギリシャにおいて「オベリオス」(obelios=お菓子・パンの総称)と呼ばれた。このオベリオスは大きく2つのルートで発展を遂げる。

❶フランスルートでは、5世紀頃、オボリオスが、「ウーブリ」(oublie)となる。これは小麦粉と卵で作った生地を鉄板の上で丸く焼いた菓子である。後に、この生地に凹凸模様をつけて焼くようになる。模様をつけることにより表面積が増し、生地に早く火が通る。そして「模様を型押しする」という意味の「gaufrer」という名前で呼ばれるようになった。これが「ゴーフル」である。

❷オランダルートでは、7世紀頃、オベリオスが「Wafel」となる。これは格子状の模様をつけた薄くパリパリしたお菓子だった。「Wafel」とは「蜂の巣のような」という意味。格子状の模様が蜂の巣のように見えたことから、このように呼ばれた。

このWafelがwafer(ウエハー)とwaffle(ワッフル)の語源となる。1620年にイギリスからメイフラワー号でアメリカに渡る英国のピルグリム・ファーザーズは出航前、一時オランダで過ごし、北アメリカにワッフルを持ち帰った。

ワッフルの伝播と宣教師

このようなワッフルの伝播には、キリスト教の宣教師が大きく関わっている。キリストが最後の晩餐の席で『パンは私の体、ワインは私の血と思って喫しなさい』と述べて弟子達にパンとワインを与えたことから、キリスト教では、パン(聖餅)とワインを喫する。宣教師たちは、このパン(聖餅)を焼くための道具を自ら携え、ヨーロッパ各地を布教して回った。宣教師により各地に伝えられたものが、やがて宗教を離れ、庶民的なお菓子となる。定期市、村祭りなどで露店売りされるようになり、独自に発展して、今日のゴーフル、ワッフル、ウエハーとなっていくのである。

各国のワッフルの特徴

ベルギーワッフル

ベルギーは複雑な歴史を有する国である。フランスの支配下にあった時代もあるし、オランダと統合され、ネーデルラントという1つの国を形成していたこともある。そのような経緯から、ベルギーワッフルはフランスとオランダ両方の影響を受けている。ベルギーワッフルは大きく2つに分かれる。

❶リエージュワッフルは、イーストで発酵させた生地を用いた、弾力のあるワッフルで、ベルギー南部にある街の名前に由来する。生地の中にシュクレ・ペルルという大粒の砂糖が入っている。さらにリエージュの中でも、少し固めの「クッキータイプ」とクリームなどをサンドする「ソフトタイプ」が存在する。

❷ブリュッセルワッフルは、リエージュワッフルと同様にイーストを使うが、かなりゆるい生地で外はサクサク、中はふわっとした食感である。四角く焼き、様々なトッピングをして食べる。

フランスワッフル

日本でいうワッフルはゴーフルと呼ばれ、ベルギーワッフルと同じものである。これとは別にゴーフレット（goufrette）と呼ばれるものがある（96頁参照）。ゆるめに溶いたゴーフル種をごく薄く焼いたもので、ジャムやプラリネクリームをはさむこともある。シガレット状に巻いたり、扇形に四つ折りに成形する場合もある。

オランダワッフル

ストロープワッフル（stroopwafel）が主流である。stroopとは糖蜜のこと。ベルギーワッフルをかたく、平べったくしたようなビスケット状の生地を2枚合わせた間にキャラメルクリームがはさんである。寒い時期にはこれを熱いコーヒーカップの上に置いて、クリームをとろりとさせて食べるという。

アメリカンワッフル

ベーキングパウダーを使って生地を膨らませるのが特徴。ベルギーワッフルよりもソフトでケーキのように仕上がる。ワッフルはアイスクリームコーン（ワッフルコーン）のもととなる。1904年、セントルイス万博の会場でアイスクリームの容器が不足した際に、ワッフルを売っていた人が生地を薄く焼いて、巻き、アイスクリームの容器代わりとしたところ評判になったのがはじまりという。

ジャパニーズワッフル

文字や模様が付いた小判形の焼形に流し焼いた生地を二つ折りにしてカスタードやジャムをはさんだ独特のものである。1891年（明治24年）に米津風月堂の当主米津恒次郎がイギリスよりウエハースの機械を持ち帰り、「ウエファース」を販売したがあまり売れなかった。その後、工夫を重ね、ふんわりとした生地に餡をはさんだのがはじまりとされる。

{ メレンゲ }
meringue

メレンゲとは、
泡立てた卵白に砂糖を加えたもの、
または、それを焼いたお菓子のこと。
ムラングと表記する場合もある。

焼き上がったメレンゲ

由来

今でこそ、卵白を泡立てると泡立ち、その形を保つことは広く知られているが、当時としては画期的な発見だったに違いない。しかし、一方で卵さえあれば、いつどこで発見されてもおかしくない製法なので、由来についてはいくつもの説がある。
一般にいわれるのが、❶スイスのマイリンゲン*1（英語読みをするとメレンゲン）という場所で菓子屋を営んでいたイタリア人のガスパリーニという人物が、1720年頃に売り出したのが最初という説である。また、❷1800年にナポレオンがオーストリア軍に大勝した地であるイタリア北西部マレンゴ村でナポレオンのコックが祝いの菓子として作ったという説もある。フランスでは、❸18世紀ロレーヌ公としてナンシーに宮廷を構えていたレクチンスキーに供されたのがはじまりだとされるが、❹もともとはポーランドにあったマルツィンカという固く泡立てた卵白と砂糖を合わせたお菓子が原型だという説もある。

メレンゲの3つの製法

❶フランスメレンゲは卵白に砂糖を加えながら、泡立てて作る。焼くと、軽くもろい状態になり口溶けがよい。クリームと合わせたり、冷菓、氷菓の土台に使われることが多い。
❷スイスメレンゲは卵白に砂糖を加え、湯煎に当てながら泡立てて作る。焼くとかたくカリカリとしたものになる。ケーキの土台や着色して人形などの装飾物を作るのに使われる。
❸イタリアンメレンゲは泡立てた卵白に熱したシロップ（約120℃）を混ぜて作る。食感を軽くするためムースなどに用いられるほか、お菓子の表面に塗りつけたり、焼き目をつける場合などに用いられるが、これだけを焼くことはない。

これらの名称は、製法に対して便宜的に付されているもので、名称と土地には必ずしもつながりはないので要注意。

*1 実は、マイリンゲンという場所そのものがどこか不明で、西ドイツだという説もある。

焼く前のメレンゲ

｛マカロン｝
macaron

イタリア発祥の古い伝統菓子。
卵白、アーモンド粉、
粉砂糖を混ぜ合わせた生地を丸く絞って焼き、
クリームをはさんだお菓子。

マカロン・リュス

マカロンの原型

マカロンの原型は、8世紀にヴェネチアで作られた修道僧のヘソを模したマカローネ[*1]というお菓子だといわれている。

修道院での発達

マカロンは、16世紀、フィレンツェの富豪の娘である、カトリーヌ・ド・メディチが、フランスのアンリ2世に嫁いだことにより、フランスに伝わる。戒律の厳しい修道院では、肉食を禁じたため、たんぱく質が豊富で、栄養価の高いアーモンドと卵白を使って作るマカロンが発達し、各地で色々なマカロンが作られるようになる。[*2]
カトリーヌ・ド・メディチが伝えた正統なマカロンは、ロレーヌ地方ナンシーの聖サクレマン教会で作られていたマカロン。それは、この教会がカトリーヌ・ド・メディチの孫にあたるカトリーヌ・ド・ロレーヌにより建立され、メディチ家伝統のマカロンのレシピも伝えられたからである。

マカロンの大衆化

その後1789年、フランス革命が起こり、聖職者も職を追われることになる。特に、ナンシーの聖サクレマン教会の修道士、修道女は、王侯貴族の縁者等で構成されていたので、庶民の非難が厳しく、身を隠さなければならなくなった。この教会に属したカトリーヌ・グリオットとエリザベート・モルローの2人の修道女も、教会の熱心な信者であった医師ゴルマン夫妻の家に匿ってもらった。革命による混乱が終わった後、2人はゴルマン夫妻への恩返しと生活費を捻出するため、教会で作っていたマカロンをナンシーの町で売りはじめる。2人は、マカロンの修道女という意味で、スール・マカロンと呼ばれ、今でもナンシーの町では、「メゾン・ド・スール・マカロン」という店がマカロンを売っている。

日本のマカロン

マカロンが日本に伝わったときは、あまり評判が芳しくなかった。そこでアーモンド粉の代わりに日本人にも馴染み深いピーナッツ粉を主原料とした「マコロン」と称されるお菓子が作られ、親しまれた。

*1 マカローネとは、もともと「練った生地を切った」という意味であり、フランスに伝わった当時は、パスタの一部もお菓子も同じように呼ばれていた。しかし、17世紀に入り、パスタはマカロニ、お菓子の方はマカロンと呼ばれるようになった。
*2 クッキー風のマカロン・ダミアン、平たいマカロン・ド・ナンシーなど様々なマカロンが存在する。日本で我々がマカロンと呼んでいる表面のすべすべしたものは、マカロン・リュスという、パリ風のマカロンである。
近時はマカロン生地を使ったプチガトーも見られる。

マカロン・ダミアン

マカロンのプチガトー

ダコワーズ
dacquoise

アーモンドパウダーまたは
ヘーゼルナッツパウダーと泡立てた卵白を合わせ、
粉砂糖を振って焼いた半乾きの生地に
バタークリームをはさんだお菓子。

ガトー・ダコワーズ

名前の由来

ダコワーズとは、「Dax（ダクス）の」、という意味であり、フランス南西部ランド県ダクス地方発祥のお菓子である。19世紀末に存在した「アンリ4世」というお菓子が祖形といわれ、このお菓子のスポンジ状の生地を改良したものがダコワーズであるとされる。同様のお菓子は、ピレネー・ザトランティック県のPau（ポー）にも見られ、そこではPaloise（パロワーズ）と呼ばれている。ダクスやポーはピレネー山脈をはさみ、スペインと接する地域でスペインの特産品であるアーモンドやヘーゼルナッツを使ったお菓子が多く生まれたのであろう。ダコワーズは、日本では小判形生地にクリームをはさんだものがポピュラー[*1]だが、バスク地方などでは、ガトー・ダコワーズと呼ばれる大型で円形のものが多く、ケーキ同様、切り分けて食べる。パリなどでは、アントルメの生地の一種として使用されることが多く、この場合は、ビスキュイ・ダコワーズと呼ばれる[*2]。

シュクセとプログレ

日本ではダコワーズが有名だが、フランスの菓子教本では、シュクセとプログレというものを基本の生地として紹介し、その後に、ダコワーズをそのバリエーションとして紹介している。どちらもダコワーズ同様の生地である。アーモンドパウダーを使ったものを「シュクセ」といい、ヘーゼルナッツパウダーを使ったものを「プログレ」という。シュクセやプログレは、乾かす感じにカリッと焼くのに対して、ダコワーズは、やわらかく焼くのが特徴である。近年、シュクセやプログレもダコワーズ同様、日本のパティスリーで小型の焼き菓子として登場している。

*1 小判形のダコワーズは、福岡にある「フランス菓子16区」のオーナーパティシエ三嶋隆夫が、パリ16区の菓子店「ARTHUR」のシェフを務めていた1979年に和菓子の最中をイメージし、同店のスペシャリテとして考案したという説がある。

*2 半乾きのイメージが強いダコワーズだが、オーブンで蒸し焼きにしてやわらかく仕上げ、アントルメに使用する場合もある。

（上）（中）日本のダコワーズ　（下）シュクセ

{ カヌレ }

cannelés

ボルドー地方の伝統菓子。
外皮は黒くカリッとし、
中は黄色くカスタードが蜂の巣状に固まったような
生地でもっちりとした食感。

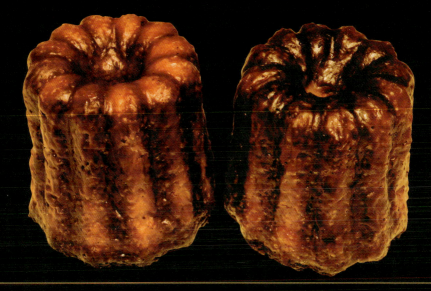

カヌレのルーツ

カヌレは、小さな釣鐘型に12本の縦溝を施した独特の型の内側に蜜蝋*1を塗って焼く。カヌレとは、「溝」を意味し、名称は独特の型にちなんでつけられたものである。カヌレの発祥については、諸説ある。

❶ボルドー地方は、12世紀～15世紀頃、イギリスの支配下にあったためイギリスとの関係が深く、イギリスのお菓子であるマフィンやプディングが原型であるとする説。

❷16世紀頃に修道院の尼僧姉妹が棒状*2に作ったお菓子がはじまりだったが、1789年のフランス革命で、特権階級とみなされた聖職者も職を追われ、一時、作られなくなった。しかし、1830年頃に復活。その際、菓子職人の発案で独特の型が出来上がったとする説。

❸ボルドー地方を流れるガロンヌ河流域に住んでいた貧しい人々のために、神父が、行き来していた貿易船から、船室に残った小麦粉などをもらい作ったものがはじまりという説。

❹リムーザン地方のcanoleというお菓子が17世紀にボルドーにもたらされ、これがカヌレになったという説。

これらの中で、文献でよく紹介されるのは、①+②説である。昔、修道院ではワインも製造しており、オリ（沈殿物）を取り除くための清澄剤として卵白が使用された。そのとき残った卵黄を使い、お菓子を作ったのだという。現在、伝統的なカヌレを保存するための同業組合も作られ、ボルドーには、600以上の製造業者がいる。

＊1　蜜蝋は、ミツバチが巣を構築するために腹部の蝋腺から分泌する物質で、保湿・柔軟効果があることから、化粧品や軟膏の原料としても使われる。修道院ではロウソクを製造するため養蜂を行い、ミツバチが作り出す蜜蝋を採取していたことから、型に蜜蝋を塗ることを思いついたといわれる。

＊2　canneleのcanneには杖という意味があり、原型は杖のような棒状のものだったという説がある。

蜜蝋

ベルギー3大古典菓子

ミゼラブル (misérable)
ミゼラブルとは、ダコワーズに似た生地の間にバタークリームをはさんだケーキ。バタークリームに合わせるカスタードクリームを作るときに、牛乳を買うお金がなく、水で作ったから、悲惨という意味の名がつけられたという説がある。

メルベイユ (merveille)
メルベイユとは、メレンゲを生クリームで覆い、まわりに削りチョコレートをつけたお菓子である。フランス語で逸品を意味する。

ジャヴァネ (jabanais)
ジャヴァネは、見かけはオペラ（24頁参照）に似たお菓子である。オペラとの違いは、ガナッシュ（チョコレートクリーム）がはさまれていない点にある。薄いビスキュイ生地とコーヒー風味のバタークリームを幾層にも重ねている。ジャヴァネとは、ジャワ島の人という意味。19世紀頃、ジャワ島はオランダの植民地であり、コーヒーの栽培が盛んに行われていた。そこでコーヒークリームを使ったこのお菓子に、そのような名前がつけられたと考えられている。

Chapter 5

{ 発酵菓子・揚げ菓子 }

kouglof
baba
savarin
beignet
doughnuts

｛クグロフ｝

kouglof

ブリオッシュのような生地で作られた
大きな王冠形のお菓子。
マリー・アントワネットが好んだことで有名。

クグロフのルーツ

クグロフは、❶17世紀頃に生まれたお菓子で、主としてオーストリア、ポーランド、ドイツなどで作られていたが、その後、製造方法が各地へ伝わり、周辺地域でも食べられるようになった。1770年、後のルイ16世にオーストリアのハプスブルグ家から興入れしたマリー・アントワネットによりフランスへ伝えられたとされる。また、❷後のポーランド王レクチンスキー[*1]が生まれたソ連のウクライナ州ロウという町で、17世紀に初めて作られ、彼が後にフランスのロレーヌの領主となったことによりフランスに伝わったする説や、❸アルザス地方では古くから作られていたという説もある。[*2]

名前の由来

クグロフは、場所によりクーゲルホップフ、クーゲルホフ（Kugelhopf）とも呼ばれているが、その名前の由来については、フランスのアルザスにあるリボーヴィレ（Ribeauville）という街に、おもしろい伝説がある。
あるとき、この町に住む「クゲル」という陶器職人が、おもしろい形の陶器の型を作った。この陶器職人が、キリスト生誕を祝う為にエルサレムへ向かう3聖人（57頁参照）を家に泊めたところ、聖人がそのお礼に、職人のためにその陶器の型で焼き上げたお菓子がクグロフのはじまり、つまり、クグロフという名前は、陶工職人の名前クゲルに由来するというものである。[*3]このリボーヴィレでは、毎年6月第1週目の週末に「クグロフ祭り」が開かれ、焼き立てのクグロフとアルザス・ワインがふるまわれるという。

クグロフ型

この型は、中心が空洞で、まわりには斜めの溝模様がついており、クグロフ型と呼ばれる。この溝模様は前述の3聖人がキリストに会うため越えて来た「谷」を表現しているともいわれる。空洞部分の効果で熱効率がよく、また生地が王冠のような美しい形に焼き上がることから、最も完成度の高い型であるといわれる。

*1 彼はことのほかクグロフを好み、ここからババ（112頁参照）というお菓子が作られる。
*2 アルザスはドイツと国境を接する地域で、現在はフランスに属するが、元来はドイツの前身である神聖ローマ帝国の支配下にあり、住民の大半はドイツ系である。鉄鉱石、石炭を産するため、独仏の係争地となり、戦争のたびに、両国の領土を行き来していた。
*3 このほかにクグロフの名前の由来に関しては、ドイツ語のクーゲル（球）＋ホフ（僧帽）が語源であるという説と、ドイツ語のクーゲル（球）＋ホップ（昔はビール酵母で仕込んでいた）からきたという説がある。

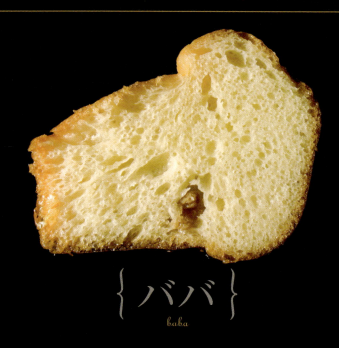

{ ババ }
baba

ババは、クグロフと同じ生地に、
ラム酒を加えたシロップを
たっぷりと染み込ませたお菓子。

ババの生みの親

18世紀初頭、フランスのロレーヌ領主であったレクチンスキーの好物の1つがクグロフであった。ある日、彼がクグロフを食べようとすると固くなっていた。そこで、ラム酒をかけたところ、やわらかく、美味なものとなった。彼は、それをたいそう気に入り、当時愛読していた『千夜一夜物語』に登場する「アリ・ババ」にちなんで「アリ・ババ」と名づけたという。

ババの伝播

このお菓子は、ルイ15世に嫁いだ彼の娘マリーの菓子職人によりフランス王宮でも作られた。19世紀初頭、その製法を習得した菓子職人ストレーは、パリでお菓子店「ストレー」(Stohrer)を開業しアリ・ババを看板商品として売り出し、パリの庶民の間にも拡がった。また、その頃パリにやってきたイタリア・ナポリの貴族付きの料理人が、ババの製法を持ち帰ったところ評判となり、ナポリの特産品となった。後にパリでは、ババからサバラン(114頁参照)というお菓子が生まれ、そちらが主流となっていく。

*1 誕生の経緯については他に、❶レクチンスキーは歯が悪く、料理人がラム酒をかけてやわらかくして供したのがはじまりとする説、❷レクチンスキーの料理人シュヴォリオが考案したもので、ラム酒をかけて、フランベしたものだったという説などがある。
*2 マラガ酒(スペイン領マラガの甘口ワイン)であったとする説もある。
*3 この店は、パリ最古のパティスリーとして、現在も営業している。

column

スタニスラス・レクチンスキー
Stranislas Leczinski、1677〜1766年

マドレーヌやババなど、フランス菓子の歴史にしばしば名前が登場する人物である。フランスのロレーヌの領主として紹介されることが多いが、元々はポーランドの王である。ポーランドは10世紀頃、スラブ系民族ポラニエ族により建国されたが、地理的にヨーロッパとロシア、アジアの間にあり、近隣諸国の干渉が絶えなかった。国王もポーランドの貴族から選挙で選ぶのが伝統であったが、有力な者がいない場合はスウェーデン等外国の王家から迎えていた。1700年、ロシアの推す国王アウグスト2世とスウェーデンの推すポーランドの名門レクチンスキー家の争いが起こる。1704年レクチンスキー家のスタニスラス1世が王位についていたが、その後ロシア勢が優勢となり、1709年、王位を追われる。1725年、レクチンスキーは、娘のマリーをフランスのルイ15世に嫁がせ、今度はフランスの支援を得る。フランスはポーランドの王位を守るという名目でポーランド継承戦争を起こす。しかし、ロシア、オーストリアがこれを認めず、結局、フランスはオーストリアのハプスブルグ家からロレーヌ公領を得て、これをレクチンスキーに与え、戦争を終結させた。このようにしてロレーヌの領主となったレクチンスキーであったが、今度は別の悩みを抱えるようになった。娘マリーが輿入れしたルイ15世が、若くて料理やお菓子作りの上手なポンパドール夫人に夢中になり、王妃マリーのことを顧みなくなったのである。そこでレクチンスキーはマリーにマドレーヌ、ババ、メレンゲなどのお菓子のレシピを必死になって送り続けた。これらはルイ15世の口にはあまり入らなかったようであるが、マリーが寂しさを紛らすために開いたサロンに集まる貴族の間で評判となり、パリで人気を博したのである。

ナポリでは小型のババがビン詰めで売られている

chapter 5 - 発酵菓子・揚げ菓子 (113)

{ サバラン }

savarin

ババ同様の生地だが、
レーズンは入れず、
中央がくぼんだ円形の型(サバラン型)で焼き、
上にクリームを絞ったお菓子。

由来

クグロフからババへと変遷を遂げたお菓子は、19世紀中頃、パリで人気のあったジュリアン兄弟（161頁参照）の店でさらに改良が加えられ、偉大な美食家ブリア・サバラン[*2]にちなんで「サバラン」と名づけられた。つまり、クグロフ→ババ→サバランは1つの系譜に属するお菓子群である。

*1　生地には、砂糖漬けのオレンジピールが加えられる場合もある。生地を漬けるシロップも原則ラム酒でなくキルッシュを入れたものを使用する。クリームは、生クリームとカスタード、両方を合わせたものなどバリエーションがある。クリームの上に、さらに果物を飾ることもある。

*2　ブリア・サバラン（Brillant Savarin・1755〜1826年）フランスの有名な法律家、美食家。1800年よりフランス最高裁判所判事を務めた。1825年「味覚の生理学」(邦訳：美味礼賛)を著す。ガストロミー（美味学）のバイブルと称され、世界中で翻訳され読まれている。「どんなものを食べているか言ってみたまえ。君がどんな人間であるか言い当ててみせよう」ということばは有名である。

クグロフ、ババ、サバランの区別

	クグロフ	ババ	サバラン
形状	王冠形	コルクの栓形	中央が窪んだ円形
生地	レーズン入り	レーズン入り	レーズンなし
シロップ	なし	ラム酒入り	キルッシュ又はラム酒入り
クリーム	なし	なし（上に飾る場合あり）	中央の窪み部分に入れる

---

column

お菓子の型

料理は、肉や魚、野菜といった本来、形を有するものを使って作られるが、お菓子は、小麦粉、砂糖、卵、バター、クリームといった本来、形を有しない粉類、液体から作られる。そこで、いわゆる「型」というものが必要となる。この「型」はいつ頃からあったのか。結論から言えば既にローマ時代には存在していたことが確認されている。特にローマ時代に中期から後期にかけては、高度な合わせ型も発明された。ポンペイ[*1]の遺跡の出土品を展示するナポリ考古学博物館では、当時使われていたお菓子の型が展示されており、興味深い。

絞り袋

生地の絞り、クリームの絞りに欠かせない道具といえば、絞り袋である。これがいつ頃、誰によって考案されたのかという点については、諸説ある。
❶1710年に受け口のある注射器のような道具が発明されたが、使いにくいものであった。その後、1808年にフランスのボルドーのルサスで円錐形の紙袋が発明されるが、紙であるため破れやすいという欠点があった。1820年、アントナン・カレームがこれを改良し、布製の絞り袋を考案した。
❷1811年に、より細いビスキュイ・ア・ラ・キュイエールを絞るように命じられたアントナン・カレームが発明した。
❸フランスのランド地方の菓子職人ルルサがシュー生地を絞るために考案した。
❹1847年に、オーブリオという人物が絞り袋を発明した。また、口金はトロッティエという人物が発明した。

*1　紀元79年、火山の噴火で地中に埋まったナポリ近郊の都市国家。

カーニバル（謝肉祭）の時期に
食べられるお菓子。

ベニエ・アルザシアン

ベニエの由来

ベニエとは、フランス語で揚げ物全般を意味し、お菓子にも様々なものがある。このお菓子をカーニバルの時期に食すのは、キリスト教の行事と関係している。キリスト教では、キリストの復活を記念して復活祭（イースター）[*1]を行うが、その前に40日間の断食（四旬節[*2]）を行う。そこで、その前にカーニバル（謝肉祭[*3]）を開き、思い切り食べる。断食が始まる前日は、マルディ・グラ（mardi gras）と呼ばれるが、これは、なんと直訳すると、「脂っこい火曜日」。ふつうのパンでは飽き足らず、パンも揚げてしまった!? フランス各地には、次のような、カーニバルに由来する揚げ菓子が多数存在する。

ベニエ・アルザシアン

イーストで発酵させたやわらかなパン生地で、中にフランボワーズのジャムを入れる。アルザスや南仏、ドイツなどでカーニバルの際に作られる。

メルヴェイユ / ビューニュ

小麦粉に卵、砂糖、バター、ベーキングパウダーを混ぜて作った生地を薄く伸ばし、小さく切り、ねじったり、編んで成形して揚げたサクサクした食感のお菓子。ラテン語 mirabilis「驚嘆すべき、すばらしい」が語源といわれる。ペリゴール地方などの揚げ菓子の呼び名である。
リヨンを中心とした地域では「ビューニュ」（Bugnes）と呼ばれる。中世フランス語 buignet「こぶ」が語源といわれる。

オレイエット

材料はメルヴェイユやビューニョとほとんど同じだが、生地にレモンやオレンジの皮をすりおろしたものを加える。耳のような形に成形するので、Oreille「耳」が語源といわれる。軽くさっくりとした揚げ菓子である。

[*1] 十字架にかけられたイエス・キリストが3日後に復活したのを記念する行事であり、春分の日の後、最初の満月の次の日曜日に祝う（3月22日～4月25日の間のいずれかの日曜日に行われる）。
[*2] 四旬節とは40日間という意味で、イエスが荒野で40日間の断食をしたことに由来する。日曜日には断食を行わないので、実際には、復活祭の46日前の水曜日（灰の水曜日＝回心のしるしとして頭か額に灰をかける）から四旬節は始まる。その前日がマルディ・グラとなる。
[*3] カーニバルの起源は、古代ローマの農神祭であるといわれ、それが、いつしかキリスト教と結びついた。あくまで民間行事であり、教会とは直接関係ない。全体の流れは次のとおり。
カーニバル開始～マルディ・グラ→灰の水曜日より四旬節（40日間の断食）→復活祭

（上）メルヴェイユ　（下）オレイエット

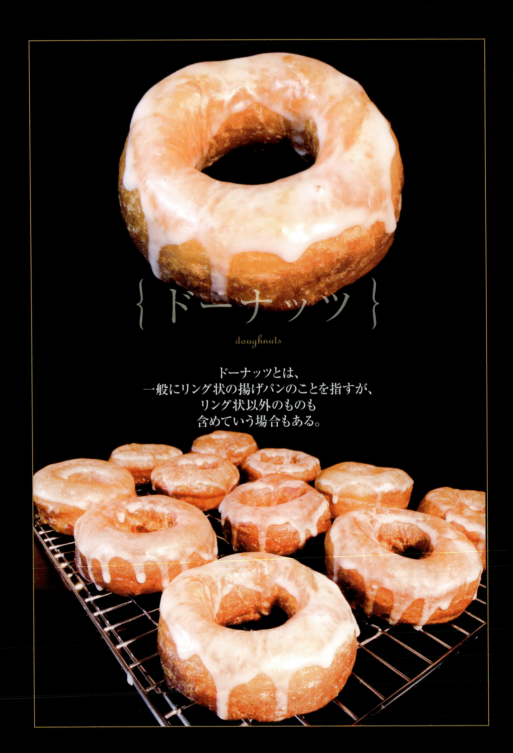

{ドーナッツ}

doughnuts

ドーナッツとは、
一般にリング状の揚げパンのことを指すが、
リング状以外のものも
含めていう場合もある。

由来

由来に関しては諸説あるが、「原型」「語源」「穴」の3点に注目して紹介しよう。

❶17世紀、オランダで作られていたくるみを生地の真ん中にのせて揚げたお菓子、オリーボル（oliebol）が原型であるとされ、doughnut（ドーナッツ）の語源は、dough（生地）＋ nut（ナッツ）であるという。その後、イギリスの清教徒（ピルグリム）が、一時亡命していたオランダでこのパンの製法を覚え、アメリカに渡ってから作ろうとしたが、くるみがなく、代わりに真ん中に穴を開けて作ったのがはじまりとする説。穴は、インディアンの矢が生地に当たって開いたものだという説もある。

❷1847年、ハンソン・グレゴリー（Hanson Gregory）という人物が穴を開けることを考案したという説。この説はさらに、（a）母親が作ってくれたパンの中心部がいつも生揚げだったので、中心に穴を開けたという説と、（b）グレゴリーは船乗りで、船の操舵輪にパンを引っ掛けられるようにするため穴を開けたという説がある。

❸第一次世界大戦中、アメリカ軍兵士（doughboy：俗語）が夢中（nuts：俗語）になったのでドーナッツ（doughnuts）と呼ばれるようになったとする説。これらのほかにも❹イギリスのバンズを焼くかわりに揚げたものに由来するという説や、❺ドイツ人が考案したという説がある。

日本への伝来と普及

日本には明治時代に伝来したといわれるが、1971年にダンキンドーナツとミスタードーナツの2つのチェーンが上陸したことにより、一気に普及した。

ドーナッツの3つのタイプと類似のお菓子

大きく3つのタイプがある。
（1）イーストドーナッツ：パン酵母で生地を膨らませるタイプ。
（2）ケーキドーナッツ：ベーキングパウダーで生地を膨らませるタイプ。
（3）クルーラードーナッツ[*1]：シュー生地の水蒸気で生地を膨らませるタイプ。
また、類似のお菓子として、中国の開口笑（カイコウシヤオ）、沖縄のサーターアンダギーなどがある。

＊1　kruller（オランダ語）＝曲がる

column

防腐剤としての砂糖

ジャム（124頁）や果物の砂糖漬け（126頁）は、生の果物に比べ腐りにくい。これはなぜか。
腐敗を引き起こす細菌やカビが増殖するには一定量の水分が必要である。ほとんどの食品には水分が含まれているが、この水分は、結合水と自由水に分類される。結合水とは、糖分やたんぱく質といった食品中の成分と強く結合している水分で、腐敗菌はこれを利用できない。自由水というのはこのような結合が弱い水分で、腐敗菌はこれを利用して増殖する。つまり、食品の腐敗を防ぐには、自由水を少なくすればよい。砂糖の主成分であるショ糖は、水に溶けやすく、水との結合力が強い。そこで食品に砂糖を加えると、食品中の自由水が砂糖に結合され、結合水にかわり、腐敗が防止されるのである。

砂糖、転化糖、蜂蜜の関係

砂糖の主成分である「ショ糖」は、ブドウ糖と果糖が1つずつ結合して出来ている。2種類の糖はお互いに反応しやすい面同士を結合させているので、それぞれの個性は、あまり発揮されず、安定している。ところが、これに「シュクラーゼ」という特別な酵素を作用させると、ブドウ糖と果糖がバラバラになる。この分解反応を「転化」と呼び、ブドウ糖と果糖の同量混合物を「転化糖」と呼ぶ。ブドウ糖と分かれた果糖は強い個性を発揮し、全体として転化糖は砂糖に比べて濃厚な甘みとともに、強い吸湿性と保湿性を有することになる。同じ砂糖でも、上白糖がグラニュー糖に比べしっとりとしているのは、この転化糖が添加されているためである。焼き菓子などに転化糖を加えると、しっとりと仕上がる。

蜂蜜の原料となる花の蜜の主成分も、砂糖と同じ「ショ糖」である。ところが、ミツバチの分泌液の中には分解酵素「シュクラーゼ」が含まれており、蜂蜜になった段階では、ショ糖はブドウ糖と果糖に分解されている。つまり蜂蜜は、天然の転化糖なのである。なお、蜂蜜を低温で放置すると白色の沈殿物が生じるが、これは蜂蜜に含まれるブドウ糖である。温めれば再び溶けて、もとの状態になる。

Chapter 6

{ 砂糖菓子・チョコレート }

confiserie
jam
fruits confits
pâte de fruit
dragée
praline/praliné
gianduja
pate d'amandes
calisson
coussin
guimauve
caramel
nugat
chocolate
mendiants
muscadine
nama choco
truffes
orangettes
rochers

｛糖菓｝
コンフィズリー

confiserie

糖菓とは、マロングラッセ、ジャム、
マシュマロ、ヌガー、
キャラメルといった、[*1]
いわゆる砂糖菓子のこと。

砂糖の原料、サトウキビのルーツ

糖菓を作るのに砂糖は欠かせない。この砂糖の原料は、サトウキビと甜菜（砂糖大根のこと）であるが、後者が砂糖の原料として使われるようになったのは、18世紀以降であり、それまでは、サトウキビから作られていた。様々な説があるが、サトウキビは、BC2500年以前に南太平洋ニューギニア周辺で発見され、それが人類の移動とともに、BC1000年頃にはインドに伝わり、インドを第二原産地として世界に拡がったとされる。*2

砂糖のヨーロッパへの伝播

BC327年、アレキサンダー大王がインドに遠征した際、兵士がガンジス河流域でサトウキビに接し、「蜂の助けを借りないで、蜜をもたらす葦がある」と報告、ヨーロッパ人が初めてサトウキビを知る。しかし、製糖技術がヨーロッパに伝わるまでには、かなりの歳月を要した。砂糖は6世紀にアラビアに、9～10世紀にはエジプトに伝わる。砂糖の伝播に大きく影響したのは、イスラム教だといわれている。イスラム教が誕生したアラビア半島では、製糖技術が発達しており、これがイスラム教の拡がりとともに伝わった。ヨーロッパに製糖技術をもたらしたのは、11～13世紀の十字軍の遠征である。もともと十字軍は、イスラム教徒に占拠された聖地エルサレムを奪回することを目的としたものであったが、これによりイスラム世界との交流が生まれ、様々なものがヨーロッパにもたらされた。しかし、当時、砂糖は大変高価なものであり、ごく限られた上流階級のものであった。

甜菜糖の生産と砂糖の普及

ヨーロッパで砂糖が一般化するのは、甜菜糖が生産されるようになってからである。1747年、ドイツの化学者マルグラーフが、甜菜の根から砂糖を分離することに成功。1801年、世界初の甜菜糖工場が設立される。サトウキビは寒冷地では栽培できないが、甜菜は寒冷地でも育ち、ヨーロッパでも家畜のエサとして栽培されていた。1806年、イギリス軍に敗北を喫したナポレオンは、イギリスとその植民地の物産を大陸から締め出した（大陸封鎖）。これにより、砂糖の価格は暴騰、1811年にナポレオンは甜菜糖の製造を奨励し、一気に拡まった。

砂糖の日本への伝播

日本へは、奈良時代に中国よりもたらされた。❶754年、唐僧・鑑真が日本に渡る際に黒砂糖を持ち込んだという説と、❷遣唐使が帰国する際に持ち帰ったとする説がある。日本で、砂糖の製造が始まったのは、17世紀前半頃とされるが、一般庶民に行きわたるのは明治時代以降である。

＊1　コンフィズリーには、様々な分類が考えられるが、以下の3つに分けるとわかりやすい。
❶砂糖＋フルーツ：ジャム、フリュイ・コンフィ、パート・ド・フリュイ
❷砂糖＋ナッツ：ドラジェ・プラリーヌ
❸砂糖を主体とした生地：パート・ダマンド、ギモーヴ
＊2　古代インドのサンスクリット語のSarkara（砂粒）が、英語のSugarやフランス語のSucreの語源になったといわれている。

{ジャム}
jam

砂糖が水分を抱え込んで
その腐敗を遅らせるという性質を利用し、
果物を砂糖煮にして長期保存に耐え得るようにした
保存食品の一種。

ジャムの発祥

ジャムの歴史は非常に古い。1万年〜1万5千年前の旧石器時代後期の洞窟には、人類がミツバチの巣から蜜を取っている壁画が残されているという。そのハチミツを使って果実を土器で煮たと推察される跡も見つかっている。ジャムは、有史以前からある最古の保存食品といえる。

ヨーロッパにおけるジャムの歴史

紀元前320年頃、アレキサンダー大王が、東征してインドを攻略し、砂糖をヨーロッパに持ち帰ったことにジャムの歴史は始まる。その後、十字軍のオリエント遠征（1096〜1270年）で中東からヨーロッパに大量の砂糖が持ち帰られ、ジャム作りが普及するようになる。しかし、砂糖は貴重

品だったため、ジャムも一部特権階級の食べ物でしかなかった。

ジャムが一般庶民に普及するのは、甜菜からも砂糖が作れることが発見され、ナポレオンがそれを産業化して砂糖の価格が下がってからのことである。

日本におけるジャムの歴史

日本に伝わったのは、16世紀後半、宣教師によってである。日本で初めてジャムが作られたのは、明治10年、東京の新宿にあった勧農局であった。その4年後の1881年（明治14年）、長野県で缶詰の苺ジャムが作られたことが企業化のはじまりである。大正初期には大量生産が開始され、第二次世界大戦後にはパン食の増加とともにジャムも一般化した。

ジャムの新たな展開

20世紀半ば以降、農業技術や保存技術の発達により、果実が一年中、手に入るようになってからは、ジャムは忘れられた存在になっていく。その忘れられた存在に再び光を当てたのが、クリスティーヌ・フェルベール*3である。彼女のジャムは、果物のほかにピーマンや青トマトといった野菜やハーブ、スパイスを使い、素材の新鮮な風味をそのまま残したものであった。すなわち、ジャムを保存食品としてではなく、より美味しく果物や野菜を味わう技術・食品として生まれ変わらせた。彼女は、多くの専門家から賞賛され、「ジャムの妖精」と称されるようになる。このことは、2002年以降、日本においても広く知られるようになり、旧来のジャムと区別して「フェルベール式ジャム」をコンフィチュールと呼ぶ傾向がある。*4

＊1　JAM（英語）の語源は、「グチャグチャ噛む」という意味のCHAMという古英語の方言であるといわれる。フランス語では、コンフィチュール、「果物の砂糖煮」という意味。果物の細胞にはペクチンが含まれており、60％以上の糖分と少量の酸を加えるとゼリー状に固まる。また、糖濃度が60％以上になると微生物の繁殖が抑えられ、長期保存が可能となる。

＊2　当初、ジャムは、精力増強や精神安定に効果のある薬とみなされており、それを作るのは薬剤師の仕事であった。大予言ブームで有名となったノストラダムスは医師でもあり、1552年に『化粧品とジャム論』という本を書いている。

＊3　1960年生まれ、アルザス出身。パリの『ペルティエ』等で修業した後、故郷の父親が営む『メゾン・フェルベール』で、ジャム作りを始めた。

＊4　ジャムの種類
❶（狭義の）ジャム＝1種類の果物から作る
❷ミックスジャム＝2種類以上の果物から作る
❸マーマレード＝柑橘類から作る
❹プリザーブ＝材料の原形が残るもの
❺ゼリー＝果物の搾汁を原料としたもの

フリュイ・コンフィ

果物を丸ごと
砂糖漬けにしたもの。
フランスではポピュラーな
お菓子。

由来

フリュイ（fruits）は「果物」、コンフィ（confits）とは「漬けた」という意味。エジプト、ギリシャ、ローマでは、保存のため、古くから果物やナッツを蜂蜜に漬けていた。この技法と砂糖が十字軍により伝えられ、14世紀中頃には、フランスでも、作られるようになった。特にリュベロン地方にあるアプト[*1]という町のものが有名。オレンジ、レモン、洋ナシ、プラムといった新鮮な果物を大きな鍋で、徐々に糖度を高めながら煮ていく。丸ごと煮るのが特徴で、果物本来の味や香りが封じ込められている。

＊1　プロヴァンス内陸部、リュベロン山脈一帯をリュベロン地方というが、その中心にある町がアプトである。

パート・ド・フリュイ

フルーツのピューレを煮つめて、ペクチンで固めたもの。フルーツゼリー。

由来

フランスで、初めてパート・ド・フリュイが作られたのは、16世紀、オーヴェルニュ地方である。当初は乾燥ジャムのようなものであったという。
ジャムとの違いは材料の果物をいったん茹でてから裏漉しし、ピューレ状にしたものを使用し、型に流して固める点にある。フランボワーズ、イチゴ、カシス、グレープフルーツなどのフルーツで作られるのが一般的。表面にザラメをまぶして仕上げる。甜菜糖の増産（123頁参照）により盛んになる。

column

砂糖を材料としたお菓子用素材

シロップ sirop
シロップとは、砂糖液のことで、砂糖を水に溶かしたり、それを煮つめて濃縮したものをいう。製菓用には、ボーメ30度[*1]がよく使われる。

＊1　ボーメ度とは、ボーメ比重計にて液体の濃度を測ったときの数値のこと。このボーメ比重計とは、浮き秤の一種で、純水（15℃）に入れたときに水面と一致する点を0ボーメ度として、10％食塩水(15℃)に入れたときを10ボーメ度としてこの間を10等分（または15等分）し、その上下に同間隔で目盛りを刻んだ計器である。1784年にフランス人化学者ボーメ Baumé が提唱した。ボーメ30度は、糖度でいうと、約57％。水100gに対して砂糖135gを加えるとできる。

フォンダン fondant
フォンダンというのは、糖衣の一種で、沸騰したシロップに水あめを加え、118度まで熱し、撹拌しながら冷まし作る。1823年に考案されたという説がある。
よく使用される糖衣は以下の3種類である。
❶フォンダン＝グラニュー糖＋水＋水あめ
❷グラスロワイヤル＝粉糖＋卵白＋レモン汁少々（52頁コンベルサッシオン、アリュメット参照）
❸グラス・ア・ロー＝フォンダン＋シロップあるいは粉糖＋水（55頁ピティビエ・フォンダン参照）

{ドラジェ}

dragee

幸福の象徴とされる
アーモンドを砂糖で包んだ糖菓。

ドラジェのルーツ

紀元前177年、古代ローマの貴族ファビウス家の菓子職人ジュリアス・ドラジェ（Julius Dragatus）がアーモンドを蜂蜜の壺に落としたことにより思いついたという。ドラジェの名は彼に由来する。ファビウス家では、一族の結婚や出産のときに市民にこのお菓子を配った[*1]。その後、1220年にフランス東北のヴェルダンという町で、薬剤師によりアーモンドを蜂蜜と砂糖で包み込むという保存方法が考案された[*2]。これは現在のドラジェとほぼ同じものであったという。

祝い事とドラジェ

アーモンドは、実をたくさんつけることから多産や繁栄を意味し、幸福の象徴とされてきた。そこから、ドラジェは、出産、洗礼、結婚など祝い事に欠かせないものとなった。近時、日本でも結婚式の折に配られることが多い。イタリアでは、「幸福」「健康」「富」「子孫繁栄」「長寿」の5つの願いを込めて、ドラジェを5粒まとめて配る習慣がある。また、フランスでは、女の子が生まれるとピンクのドラジェを、男の子が生まれると青のドラジェを贈るという。

*1　当時のドラジェはアーモンドにハチミツをまぶしたようなものだったと推測される。

*2　薬の糖衣錠と同じ発想。元来は呼吸器系や消化器系の治療薬として使われたが、やがて砂糖菓子として広まった。

---

column
アーモンドにまつわる神話

アーモンドは、バラ科サクラ属の植物で、桃、杏、梅などと近縁である。人類との関りは古く、既に紀元前4000年頃には、メソポタミアなどの古代文明の地で食されていたといわれ、旧約聖書やギリシャ神話にも度々登場する。ここでは、ギリシャ神話のデモフォンとフィリスの話を紹介しよう。ある日デモフォンの船が難破し、海岸に流れ着いたところを、トラキアの王女フィリスに助けられる。2人は恋に落ち、婚約をする。船の修理を終えたデモフォンは、トラキアに戻る約束をして、一旦故郷のトロイに戻る。しかし、トロイで美しい娘に出会ったデモフォンは、フィリスのことを忘れてしまう。フィリスは、いつまでも帰ってこないデモフォンを待ち焦がれ、悲しみのあまり病にかかり、死んでしまう。彼女を哀れに思った貞操の女神アルテミスは彼女の亡骸をアーモンドの木に変える。ようやくフィリスのことを思い出したデモフォンはトラキアに戻り、いきさつを知り、深く後悔し、木を抱きしめ涙する。恋人が戻ってきたことを喜んだフィリスは木に満開の花を咲かせ、デモフォンも木に変身し、永遠に一体となった。以来、アーモンドは、若さ、純潔、希望の象徴とされる。

｛プラリーヌ／プラリネ｝

praline / praliné

アーモンドに、
カラメル状に煮詰めた砂糖を
厚くからめたお菓子のことで、
フランスのロワル県モンタルジの銘菓。

プラリーヌのルーツ

17世紀、ルイ13世に仕えていた、プレシ・プララン公爵が宮廷の貴婦人たちに、美味しいお菓子をふるまい、人気を得ていた。そのお菓子が、プラリーヌである。プラリーヌとは、公爵の名前である「ププラン」を女性名詞化したものである。このお菓子を考案したのは、プララン公爵のお抱え料理人のクレマン・ジョリュゾであったが、彼がこれを考えついた背景には2つの説がある。
❶子供たちが、アーモンドに砂糖を振り掛けているのを見て思いついたとする説。
❷アーモンドを床にぶちまけてしまい、そのまま使うわけにいかず、砂糖で煮たのがはじまりとする説。
その後、クレマンはパリに近いオルレアネ地方のモンタルジでプラリーヌの店を開き、プラリーヌはその地の銘菓となった。

プラリーヌからプラリネへ

初期の頃のプラリーヌは、アーモンドに様々な香りや色をつけて砂糖をかけたものであった。それが後に、アーモンドにシロップをからめてカラメル状になるまで煮詰めたものに変化していく。[*1] そして、これをローラーで挽き、ペースト状にしたものが作られるようになる。これが今日、製菓材料として使われるアーモンドペーストとしての「プラリネ」[*2]である。

*1　今日では、茶褐色のプラリーヌが一般的であるが、ピンク色をしたプラリーヌ（pralines rouges）も存在する。これはシロップがカラメル状に煮詰まる前に色粉で染めたものである。サヴォワ地方には、このプラリーヌをブリオッシュ生地の編みパンの上に飾った「ブリオッシュ・サン・ジェニ」という菓子パンがある。また、リヨンでは、このプラリーヌを使った「タルト・オ・プラリーヌルージュ」という濃いピンク色をしたタルトがある。
*2　ベルギーやスイスでは、ボンボン・オ・ショコラ（一口大のチョコレート）のことをプラリネと呼ぶので混同しないよう注意が必要。

プラリネ(アーモンドペースト)

{ ジャンドゥーヤ } *gianduja*

マジパンで作った動物

{ パート・ダマンド } *pâte dámandes*

ヘーゼルナッツと砂糖、
カカオを合わせて作ったチョコレート。

ジャンドゥーヤのルーツ

1865年、イタリアのトリノでカファレル社が最初に作ったとされる。トリノはスペインから初めてチョコレートが伝わった地である。同社はチョコを製造していたが、政府が財政再建のためカカオの輸入を大幅に制限したため、苦境に陥る。そこでトリノの名産品であるヘーゼルナッツをチョコレートに混ぜ、ナッツの風味豊かな新しいチョコが考案された。ジャンドゥーヤの名はピエモンテ独立戦争のとき、シンボルとなった仮面を創った農夫の名前に由来する。1865年のカーニバルで、このチョコが農夫ジャンドゥーヤに報償として贈られ、そのチョコの名称もジャンドゥーヤとなった。

チョコの形は、ピエモンテ州の仮面劇の主人公ジャンドゥヤが被る帽子に似せたもの。チョコレートに細かくすり潰したヘーゼルナッツを加え、ペースト状にした製菓材料もジャンドゥーヤ（ジャンドゥージャ）という。

アーモンドと砂糖をペースト状にしたもので、
日本ではマジパン。人形などの細工にも用いられる。

由来

アーモンドと砂糖を練った食品の歴史は古いが、マジパンは中世初期、中東よりヨーロッパに伝わったという。当時、原料のアーモンドや砂糖は貴重品だったため、マジパンも高価なものであった。由来は3説ある。
❶11～12世紀頃、東地中海沿岸諸国で使われていた銀貨をマウタバンと呼んでいたが、後に医薬品を入れた箱の名となった。13世紀になると、アーモンドと砂糖で作ったお菓子の箱として用いられるようになり、中身もマウタバン（＝マジパン）と呼ばれるようになった。
❷15世紀、ドイツのリューベックという町では、三十年戦争のため食糧が不足していた。倉庫で発見された多量のアーモンドと蜂蜜で、パン職人マルクスが作ったお菓子で空腹を満たした。それがマジパンのはじまり。
❸イタリアのベニスでは、町の守護神である聖マルコの祝日に、アーモンドとハチミツでマルチ・パニスというパンを作るが、これが転じてマジパンになった。

マジパン

{ カリソン } *calisson*

{ クッサン } *coussin*

砂糖でコーティングされたひし形のアーモンド・ペーストのお菓子。
エクサン・プロヴァンスの銘菓として知られる。

由来

地中海沿岸で古くから伝わるお菓子で、13世紀頃、イタリアのベニスなどでは、宗教行事や祭りの際に、聖なるお菓子として配られた。当時は、マジパンを丸めただけのものだった。17世紀[*1]にフランスのエクサン・プロバンスにもたらされる。カリソンには、災いから身を守ってくれる力があると信じられ、当時流行していたペストから救ってくれるものとして信徒に配られた。カリソンの名前の由来については、❶カリソンを乾燥させるために、あるいは持ち運びに用いた、丸いすのこを意味するプロバンス語のカニソンを語源とする説と、[*2]❷聖杯、苦い試練を意味するカリスを語源とする説がある。

*1 1473年、プロバンスのルネ王の結婚を祝して作られたものだという説もある。結婚式でそれまで笑わなかったジャンヌ王妃がこのお菓子を一口食べると微笑んだので、周囲の人々がこのお菓子は、カラン（carin＝優しいキス。異説では calm＝口のうまい人）だといい、これがカリソンの名前の語源になったという。
*2 ラテン語で「葦」を意味するcannaがプロバンス語で「すのこ」を意味するcanissounとなった。

ラム酒を効かせたガナッシュに洋酒漬けのフルーツを混ぜ込み、アーモンド生地でくるんだお菓子。

由来

17世紀にリヨンが疫病[*1]に襲われたとき、人々は救いを求めてリヨンの西側にある「フルヴィエールの丘」にある礼拝堂の聖母マリア像に祈りを捧げた。このとき、礼拝堂に7つの聖書の形をした「大ロウソク」と、「絹のクッションの上に乗せられた金貨」が納められた。祈りのかいがあって、リヨンの街は救われる。このときの「絹のクッション」をイメージして作られたお菓子が「クッサン・ド・リヨン」。クッサンとは、クッションの意味である。リヨンが絹産業の都市ということから絹のクッションをモチーフにしたこのお菓子は、リヨンの地方菓子として定着する。

*1 ペスト説、コレラ説がある。

{ ギモーヴ マシュマロ } *guimauve*

{ キャラメル } *caramel*

ギモーヴとは、煮つめた砂糖にゼラチンと固く泡立てた卵白を
加えて作るお菓子。マシュマロのこと。

由来

マーシュマロウ（Marshmallow）とは、沼地の葵という意味で、アオイ科の植物ウスベニタチアオイの英語名であり、フランス語名はギモーヴ（Guimauve）。この植物には、喉や胃の炎症を抑えるなどの薬効があることから、古代エジプトではその根をすり潰し、その樹液と蜂蜜を混ぜたキャンディーのようなものが、咳止め、胃腸薬として作られていた。19世紀になると、マシュマロは、フランスやドイツに拡まり、菓子職人が、現在のふわふわしたお菓子を考案したといわれる。19世紀の後半からはマーシュマロウの粘りの代わりに卵白やゼラチンが使われるようになり、完全なお菓子となった。

牛乳、生クリーム、バター、砂糖、水飴などに
バニラ等の香料を加えて煮固めた飴菓子。

由来

キャラメルは、地中海のクレタ島[*1]で生まれたといわれる。10世紀頃アラブ人はサトウキビから作ったシロップや氷砂糖をクレタ島に運び精製するとともに kurat al milh（甘い塩（＝砂糖）のボール）というお菓子を作っていた。これが後に英語のキャラメル（caramel）になった。

日本への伝来

日本へは、16世紀にポルトガル人によってカルメイラとして伝えられた。いわゆるカルメ焼きはこれに由来する。現在の日本のキャラメルの製法は、アメリカから1899年に帰国した、森永太一郎によって伝えられたものである。

＊1　10世紀頃、クレタ島はクアンディー（quandi＝砂糖の）島と呼ばれていた。この quandi が英語のキャンディー（candy）の語源となった。

｛ヌガー｝

nugat

ヌガーとは、蜂蜜、
砂糖、ナッツを主体とした
糖菓である。

ヌガーのルーツ

ヌガー＝蜂蜜や砂糖＋ナッツとして、歴史をたどっていくと、中央アジア、中国の奥地がそのルーツになるのではないかといわれている。[*1]これがシルクロードなどを経て、遠くヨーロッパにまで到達する。伝播の過程で、ヌガーは様々に姿を変え、色々な名前で呼ばれ、それぞれの土地の伝統菓子として親しまれるようになる。たとえば、イタリアではトッローネと呼ばれている。フランスで初めてヌガーが作られたのは、16世紀のマルセイユだったといわれる。[*2]その後、17世紀にモンテリマール周辺でアーモンドの栽培が奨励され、1701年にはモンテリマール市長がルイ14世の孫であるブルゴーニュ侯に白色のヌガーを贈ったことなどから、モンテリマールがヌガーの名産地として知られるようになった。

ヌガーの種類

褐色のヌガーと白色のヌガーがある。[*3]前者は砂糖と蜂蜜を濃いカラメル状に煮つめ、ナッツを加えるのに対し、後者は泡立てた卵白に熱したシロップを攪拌(かくはん)しながら加え、最後にナッツを合わせて作る。

ヌガティーヌ

ヌガティーヌ（nougatine）とは、細かく刻んだアーモンドをキャラメル液で固めたものである。やわらかいうちに成形し、組み立て菓子の土台やパーツに使用する（35頁クロカンブッシュ参照）。刻んで、アイスクリームなどに入れる場合もある。

1850年頃、フランスのネヴェールで、ルイ・ジュール・ブリュモが発明したとされる。ヌヴェールを訪れたナポレオン3世の妻のユジェニー・ド・モンティジョ（フランス皇后）が、このお菓子を気に入り、有名となった。

*1　古代ギリシャ・ローマを起源とする説もある。
*2　ヌガーの語源については❶それを食べた子供たちがあまりの美味しさに「イル・ヌ・ガート（私達を堕落させる）」といった。これが縮んでヌガーとなったする説、❷フランスでは、当初ヌガーは、蜂蜜とくるみで作られ、ヌガー（nougat）という語は、古代プロバンス語でくるみのお菓子を意味するnogat、またはくるみを意味するラテン語のnuxが語源という説がある。②が一般的だが、その後、くるみのかわりにアーモンドが用いられるようになり、砂糖が蜂蜜にとってかわり、水あめが用いられるようになるなど、材料に変遷が見られる。
*3　褐色のヌガーを「ヌガー・ド・プロバンス」、白色のヌガーを「ヌガー・ド・モンテリマール」と呼ぶ場合がある（ともに、一定の規格がある）。

ヌガティーヌ

{チョコレート}

chocolate

チョコレートとは、カカオ豆を焙煎(ばいせん)し、
すり潰したカカオペーストに、
砂糖などを加えて練り上げ、
固めたものである。

チョコレートのルーツ

チョコレートの原料となるカカオ[*1]のルーツは、中南米一帯である。この地域には古くからマヤ文明、アステカ文明などが栄え、カカオは、解熱、強壮などの効能を有する万能薬として珍重されていた。当時はカカオ豆をすり潰したものに、水やスパイスを加えて飲んでいて「カカワトル（カカオの水）」と呼ばれた。

ヨーロッパへの伝播

16世紀、アステカを征服した、スペイン人エルナン・コルテスはカカオをスペインに持ち帰り、ときの国王カルロス一世に献上する。スペインでは、カカオを美味しく飲む工夫がなされ、やがてお湯で溶いて、砂糖を加えて甘くして飲むという方法が主流となる。カカオの栽培も開始されるが、その製造方法は門外不出と

ボンボニエール(bonbonniere) 美しくてしゃれた小型のキャンディー缶や壺を指す。ここでは、チョコレートで作った小箱のこと

された。17世紀になると、スペイン宮廷出入りのイタリア人商人アントニオ・カルレッティによりイタリアへ伝えられる。その後、フランスのルイ13世がスペインのアンヌ・ド・オートリッシュ王女と、ルイ14世がスペイン王女マリア・テレサと結婚し、フランスでもチョコレートが定着し、ヨーロッパ全体に拡がった。その後、イギリスにも伝わり、18世紀には、アメリカにも伝わる。[*2]

[*1] カカオの木の学名は、「テオブロマ・カカオ」(ギリシャ語で、テオ＝神、ブロマ＝食べ物)。18世紀にリンネという植物学者が命名した。チョコレートという語は、1570年代にメキシコで使われ始めた「チョコラテ」という語に由来する。メキシコ・インディオのことばで「苦い水」を意味するショコラトールが語源という。

[*2] 日本にチョコレートが伝えられたのは、18世紀後半である。1797年に長崎の遊女がオランダ人から貰ったという記録がある。1878年には、東京の「米津風月堂」が初めて製造販売を行う。1918年、森永製菓はカカオ豆の処理からチョコレートを作る工場を建設。その後1926年には、明治製菓も一貫製造開始をした。

mendiants

マンディアン

丸く薄いチョコレートの上に
ナッツやドライフルーツを
飾ったチョコレート。

名前の由来

マンディアンとは乞食という意味だが、ここでは托鉢修道士を意味する。チョコレートの上にのせるものは、4つあった托鉢修道会の修道士が着ていた服の色を表したものといわれる。アーモンドは「ドミニコ会（白）」、干しいちじくは「フランシスコ会（灰色）」、ヘーゼルナッツは「カルメル会（茶褐色）」、レーズンは「アウグスチノ会（濃紫色）」である。

muscadine

ミュスカディーヌ

ミュスカデとは、
辛口の白ワインを作る
ミュスカデ種の
ぶどうの木を意味する。

名前の由来

ミュスカディーヌは、チョコレートに生クリーム、シャンドゥージャ、洋酒などを混ぜたものをチョコレートでコーティングし、最後に粉砂糖をまぶして作る。この工程でチョコレートにシワが寄り（またはフォークで縦に模様を入れる）、ぶどうの木の枝のようになることから、ぶどうのかわいい木の枝という意味でこのように呼ばれる。

＊1　musucadetのこと。ナツメグ（muscade）に似ているからという説もある。

nama choco

生チョコ

仕上げに
チョコレートコーティングしない
日本生まれのチョコ。

由来

1988年シルスマリアのオーナーシェフ小林正和が考案した。ボンボンショコラの外側のチョコレートの部分を取り除けば、中のやわらかい部分のとろける食感を一層楽しめるという発想から生まれた。生クリームをふんだんに使用していることから、「生チョコ」と名付けられた。この商品は「公園通りの石畳」として販売され、後の生チョコブームを生み出した。一定量以上の生クリームを含んでいなければ、この名称はつけられない。

truffes

トリュフ

チョコレートクリームを丸めて、
チョコレートにつけてから、
ココアや粉砂糖をまぶしたもの。

名前の由来

チョコレートの形が世界3大珍味の1つであるトリュフに似ていることから、こう呼ばれる。ボンボンショコラの中では、ポピュラーなものである。

オランジェット

オレンジの皮などのコンフィ（砂糖煮/126頁フリュイ・コンフィ参照）をチョコレートでコーティングしたものである。

（上）オレンジピールのコンフィのオランジェット
（下）オレンジスライスのコンフィのオランジェット

ロッシェ

ロッシェとは岩のこと。キャラメリゼした縦割アーモンドとオレンジピールとチョコレートを混ぜて作るため、でき上がりがゴツゴツしていて岩のようなので名づけられた。

---

column

チョコレートに関する4大発明

19世紀に入ると、チョコレートに関する4大発明がなされる。❶1828年、オランダ人、バン・ホーテンがしつこいカカオバターの脂肪分をカットする技術を開発し、飲みやすい現在の「ココア」を作る。❷1847年、イギリスのフライ社がカカオペーストに砂糖を混ぜた「食べるチョコレート」、いわゆる板チョコを発売。❸1876年、スイス人ダニエル・ピーターがネスレ社の粉ミルクを使用することにより、それまで困難とされた、チョコレート（油脂）とミルク（水分）を合わせた「ミルクチョコレート」を開発。❹1879年、スイス人ロドルフ・リンツが「コンチング法」という技術を開発。これによりチョコレートは、なめらかで口溶けのよいものとなった。

Chapter 7

{ 冷たいお菓子 }

pudding
crème brûlée
far breton
clafoutis
jelly/gelee
bavarois
blanc manger
pannacotta
crèmet d'anjou
mousse
crème
ice cream

{プリン}

pudding

正式にはプディング。
もともとは、
イギリス船乗りが考えた料理だった。

プリンのルーツ

1588年、英西戦争においてイギリスがスペインの無敵艦隊を破り、海の覇者となる。当時、航海中の最大の問題は食糧である。船上では手持ちの食糧を有効活用しなければならない。肉の小片やパン屑でも簡単に捨てるわけにはいかない。しかし、問題は料理法である。あるとき、余った食材を全部合わせて卵液と一緒に蒸し焼きにしたら、ごた混ぜの茶碗蒸しのようなものが出来上がった。これが「プディング」のはじまりである。つまり、本来プディングとは、パンや肉、果物など様々な材料を混ぜて蒸し焼きにした料理であり、イギリスの船乗り[*1]の生活の知恵から生まれたものなのである。[*2]これが後に陸上でも作られるようになる。最初は、脂身の残りやフルーツ、ナッツ、パン屑等を寄せ集めたものからはじまり、次に、パンや米「だけ」を入れたものが作られるようになった。やがて、具を入れない卵液だけを固めたものが作られるようになる。これが日本人にも馴染み深いカスタードプディングになっていく。このように、カスタードプディングは引き算で生まれたお菓子である。

日本への伝来

プディングが日本に伝わったのは、江戸時代後期〜明治の初期である。文献上初めて確認されるのは「西洋料理通」(1872年) である。プディングは、日本人の耳には、ポッディング、プッジングと様々に聞こえたが、やがて「プリン」と呼ばれるようになった。家庭用料理本「洋食のおけいこ」(1903年) には既にプリンの作り方が掲載されているが、実際に一般家庭に普及するのは、1964年にハウスの「プリンミクス」が発売されて以降である。

*1　イギリスでは、プディングという言葉は、日本よりもはるかに幅広い意味をもった概念である。料理系のプディングを「セイボリー・プディング」(塩味のプディング)、甘いプディング全般を「スイート・プディング」と称し、後者はさらに❶ベークド・プディング (パウンドケーキ、タルトなど)、❷スチームド・プディング (クリスマスプディングなど)、❸コールド・プディング (アイスクリームなど) の3つに分類されている。
*2　有力な異説がある (149頁コラム参照)。

{クレーム・ブリュレ}
crème brûlée

ブリュレとは、
焦げたという意味で、
直訳すると「焦げたクリーム」のこと。

クレーム・ブリュレのルーツ

卵黄や生クリームを多く含む生地の表面に、カソナードまたはグラニュー糖をまぶし、焼きゴテやバーナーで焦げ目をつけたプリンのようなお菓子である。クレーム・ブリュレの起源については、諸説がある。

❶スペイン起源説。スペイン北東部のカタロニアの家庭で17世紀以前より作られていた「クレマ・カタラーナ（crema catalane）」が元祖である。

❷イギリス起源説。イギリスのケンブリッジのトリニティカレッジで、17世紀に作られていた「バーント・クリーム（burnt cream）が元祖である。

❸フランス起源説。フランスの家庭菓子「ポ・ド・クレーム（pot de crème）」という壺に入ったクリームをポール・ボキューズが皿で供するデザートにアレンジしたのがはじまり。

column

プディングの原型となった料理

プディングのルーツについては、147頁で述べたイギリス船乗り説とは別の説がある。

これによれば、本来は豚の血入りの肉や臓物の「腸詰」で、現在のソーセージの祖形ともいうべきものを「茹でた」ものであった（現在はブラック・プディングと呼ばれる）。既に4世紀のローマには存在したといわれ、これはbottellusと呼ばれた。それが、フランス語のboudinとなり、英語のpuddingと変化していく。15世紀になると肉のほかに穀物や牛乳、卵なども入れた腸詰（ホワイト・プディング）が作られるようになる。16世紀にはオーブンが登場し、貴族の間では生地で肉や魚を包んで焼く調理法（ベークド・プディング）が登場する。17世紀になると、豚の腸のかわりに布（プディングクロス）が用いられるようになる。これにより腸詰の作業がなくなり、プディングは一気に家庭料理として拡まる。パンの粉、穀類、牛脂など何でも入れてスパイスで調味し、布でくるんで湯の中に入れて茹でたのである（ボイルド・プディング）。この頃に現在のクリスマスプディングの原型も生まれたとされる。19世紀になると、プディング用の容器が生まれ、調理法も「茹でる」から「蒸す」（スチームド・プディング）に変化していくのである。

{ ファーブルトン } far breton

{ クラフティー } clafoutis

小麦粉、砂糖、牛乳、生クリーム等を混ぜた卵液を、
干しプラムを並べた皿に流し入れて焼いた
ブルターニュ地方の伝統菓子。

由来

ファーとは、ラテン語のfar（小麦）を語源とし、牛乳で小麦粉やそば粉を煮たお粥のこと。ファーブルトンとは、直訳すると、ブルターニュのお粥。ブルターニュ地方は、土地がやせているため、小麦が採れず、そば粉を主食としていた（95頁参照）。そば粉のお粥に、料理の付け合わせとして作られていたプラムやぶどうなどの乾燥果実を入れたのが、このお菓子の起源といわれている。今日のファーブルトンは、そば粉のかわりに小麦粉を使い、干しプラムなどを入れて作る。地方により、りんごやレーズンで作ることもある。

グラタン皿に軸を取ったブラックチェリーを並べ、
卵液を流し込んで焼いたお菓子[*1]。
焼き上がったものに、さっと粉砂糖を振りかけて食べる。

由来

フランスのリムーザン地方発祥の家庭でよく作られる伝統菓子。クラフティー（clafoutis）は古フランス語のクギにくっつく（claufir）[*2]に由来し、さくらんぼの種のことだという。この他にも、洋梨や桃を入れたものをクラフティーと称することもあるが、厳密にはコレーズ県[*3]産のさくらんぼを入れたもののみがクラフティーである。それ以外はフラニィャルド（flaugnardeまたはflognarde）と呼ばれる。フラニィャルドとは、古フランス語「fleugne」（やわらかい、ふんわりした）に由来し、クラフティーのもとになったお菓子である。

＊1　タルト生地を敷き込んで作る場合も多い。様々なレシピが存在するが、大まかにいうと、ファーブルトンの方が粉の量が多くクレープ生地に近いのに対し、クラフティーはプリン生地に近い。
＊2　同地方の語「clafir」（詰め込む、満たすの意）に由来するという説もある。
＊3　コレーズ県（Corréze）は、フランスのリムーザン地域圏の県である。

{ ゼリー }

jelly / gelee

果汁やワイン、
コーヒーなどをゼラチン等で固めたお菓子。
フルーツを入れることも多い。

由来

煮魚を作って一晩冷蔵庫に入れておくと、汁が固まって煮凝りができるが、これは魚の骨から出たゼラチンによるものである。このようにゼラチンは動物や魚などの身近なものから得られるので、古くから料理やお菓子に使われてきた。

お菓子にゼラチンが多用されるようになったのは、18世紀の頃で、アントナン・カレーム（65頁参照）が数多くのお菓子に用いたとされる。昔は、冷蔵設備が整っていなかったため、現代の2～3倍の量のゼラチンを用いて固めていたという。[*1]

*1　昔は現代と異なり、固めの食感が好まれたためとする説もある。

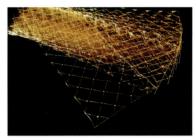

板ゼラチン

---

column

主な凝固剤

お菓子作りに用いられる主な凝固剤（ゲル化剤）は4つである。求める食感や固める素材により使い分ける。

ゼラチン gelatine

ゼラチンとは、動物の骨や軟骨などに含まれる結締組織の主成分であるコラーゲンが熱変性して可溶化したもの。ラテン語で凍る、固まるを意味するgelare（ゲラーレ）に由来し、フランス語のジュレ（gelee）もこれに由来する。弾力・粘りが強い。パイナップル、パパイヤ、キウィなど、たんぱく質分解酵素をもつ果物と一緒にすると固まらない。

ペクチン pectin

ペクチンは、植物の細胞壁の構成成分として、細胞どうしをつなぎ合わせる接着剤の役割をしている天然の多糖類。量的な違いはあるが、あらゆる果物や野菜に含まれており、ゲル化作用をもつ成分である。1825年、フランス人J.Braconnotにより、ギリシア語の「pektos（硬い）」から、ペクチンと名づけられた。強い弾力があり、酸にも強い。パート・ド・フリュイに用いられる。

寒天

テングサ、オゴノリから作られる凝固剤。寒天は日本で発明された食品である。テングサなどの海藻類をゆでて煮溶かし、発生したゲル状のものを冷まして固めた食品をところてんというが、これは奈良時代、遣唐使により中国より伝えられた。1685年、旅籠を営んでいた美濃屋太郎左衛門が残ったところてんを外に捨てたところ、凍結後自然乾燥して干物になった。これを煮て放置すると、ところてんの臭みがない白い食べ物になることを発見。僧の隠元が精進料理として賞賛し、寒い空（天）の下で出来たことから、寒天と名づけたという。弾力や粘りはなく、もろい。酸に弱い。

カラギーナン carrageenan

カラギーナンは、スギノリ、ツノマタを原料とする凝固剤。1844年にアイルランド産の紅藻ヤハズツノマタ（carraigín）から初めて抽出され命名された。適度な弾力があり、ゲル化速度が速いのが特徴である。

｛ババロア｝

bavarois

牛乳、卵、砂糖を混ぜ合わせたものに
泡立てた生クリームを加え、
ゼラチンで冷やし固めたお菓子。
ケーキのパーツとしても使われる。

由来

ババロアの由来については次の2説がある。
❶16世紀頃、ドイツのババリア（＝バイエルン地方）のババロワーズという飲み物がババロワのもとになったといわれる。ババロワーズとは、牛乳に卵黄、砂糖、紅茶、ラム酒などを混ぜ合わせたホットドリンクで、18世紀頃パリに伝わり評判となった。アントナン・カレームが、これを改良し、生クリームを加え、ゼラチンで固める現代のババロアに仕立てたという説。
❷ババロアの名は、バイエルン地方のある大貴族の家で腕を振るったフランス人の料理人がケーキにつけた名前だという説。このケーキは古くは、フロマージュ・ババロアと呼ばれた。材料にチーズを使っているわけではなく、生地の固まった状態がチーズのようなので名づけられた。アントナン・カレームもその著書「甘味アントルメ概論」の中でそう呼んでいるという。

---

column

牛乳、バター、クリーム

牛から搾った生乳の中には乳脂肪分が含まれている。生乳を数時間放置すると、表面にこの乳脂肪分が浮き上がってくる。これがクリームである。この乳脂肪分は、小さな粒の集まりで、それぞれがタンパク質の皮膜で包まれているが、撹拌したり揺すったりすると皮膜が破れ、脂肪どうしが結合して塊ができる。これがバター。

今日では、生乳に含まれる脂肪粒子を細かくして、飲みやすくし、滅菌する。これが「牛乳」である。また牛乳を遠心分離機にかけ、ほかの成分よりも比重の軽い乳脂肪分を濃縮し、「生クリーム」を作る。そして生クリームをチャーンという機械で激しく振動させて「バター」を作る。

人類が動物の乳を利用し始めたのは、紀元前8000年のメソポタミアだといわれる。そして紀元前6500年前の中東では既に牛を家畜化していたともいわれ、紀元前4000年前のエジプトの壁画には牛の乳を搾る様子が描かれている。クレオパトラ（BC69-30）は、牛乳風呂に入り美肌を保ったという伝説もある。バターの歴史も古く、紀元前3500年前のメソポタミアの石板には牛乳からバターと思われるものを作っている人の様子が描かれているという。乳の文化は紀元前1600年頃にはインドに伝わり、日本には6世紀頃、仏教とともに伝わったとされる（なお、チーズの歴史については47頁参照）。

ブラン・マンジェ

牛乳、生クリームに
ゼラチンを加え、
アーモンドで風味をつけた
冷たいお菓子。[*1]

由来

blanc=白い、manger=食べ物。ブラン・マンジェはアラビアで作られていたアーモンド粉と砂糖を混ぜたお菓子に由来するといわれる。[*2] これが8世紀頃にヨーロッパに伝わり、これを18世紀後半にアントナン・カレームがヨーロッパ全土に拡めたという。アントナン・カレームは、その著書「甘味アントルメ論」の中で、ブラン・マンジェについて「きわめて口当たりがよく、十分白くなければならない」と述べている。

*1　フランス版杏仁豆腐といったところだが、杏仁豆腐は寒天で固め、生クリームは入れない。
*2　フランスのモンペリエ発祥のお菓子とする説もある。同地はランドック地方の中心都市であり、11世紀頃から地中海と中東への港町として発達した都市である。

パンナコッタ

生クリームを温め、
ゼラチンを溶かし、
型で冷やし固めたお菓子。

由来

panna=生クリーム、cotta=煮る。酪農の盛んな北イタリア、ピエモンテ州ランゲ地方発祥の家庭菓子で、20世紀初頭、ハンガリー出身のバレリーナが恋人のために作ったのがはじまりといわれる。日本ではティラミスブームのあと、1994年頃、流行した。

クレメ・ダンジュ

フレッシュチーズに
泡立てた生クリーム、
メレンゲを加え、
水気を切ったデザート。

由来

cremet＝クリーム、d'anjou＝アンジュ地方の。1900年頃、酪農家がハバット（バターを作る機械＝攪拌機）を使いクリームをこねる過程で、機械のプロペラやまわりに付着したクリームをかき集め、ソースをかけてデザートとして食べたのがはじまりだとされる。現在は、フロマージュブランというチーズを使うのが一般的であるが、昔は生クリームと卵白のみで作っていた。1920〜30年代頃は「クレメ・ダンジュ」売りの少女がカゴに入れ、街で売っていたという。

ムース

生クリームや卵白を泡立てて、
空気を入れ、細かい泡により、
ふんわりと仕上げたお菓子。

由来

mousse＝泡。1800年頃活躍したアントナン・カレームの手引書には、既にいくつかのムースの記述があるとされる。彼は王侯貴族をはじめとする富裕階層を相手に料理を作っており、既に料理で満腹の人々にも食べてもらえるよう、軽い口当たりで、胃に負担の少ないムースを使ったのだといわれる。[*1]

＊1　ムースとババロアはどこが異なるのか。強いていえば、ババロアはムースに比べて固く、ムースは卵白を泡立てたものを加え、ババロアに比べると軽くふんわりしている。しかし、様々なレシピがあり、明確な線引きをすることは難しい。

いろいろな
｛クリーム・ソース｝

crème

クレーム・オ・ブール
crème au beurre（バタークリーム）

バターに砂糖やシロップを加えて泡立てたものである。卵を加える場合もある。1865年にフランス人パティシエのキエ（Quillet）が考案したといわれる。ジョワンビル公の料理長ルモンデが考案したとする説もある。

クレーム・シャンティー
crème chantilly(甘いホイップクリーム)

生クリームを泡立て、砂糖を加えたものである。1671年、シャンティー城主のコンデ公がフランス国王ルイ14世を招き3日間におよぶ大宴会を催した。料理を任されたのが料理人フランソワ・ヴァテールである。このとき、卵が傷んでいてカスタードが作れなかったため、苦肉の策で生クリームに砂糖を加えて泡立てて誕生したのがクレーム・シャンティーであるとされる。[*1]

クレーム・ダマンド
crème d'amande(アーモンドクリーム)

アーモンドパウダーやバター、砂糖、卵をほぼ同量混ぜて作る。クリームという名がついているが、パウンドケーキの小麦粉をアーモンドパウダーに入れ替えたのと同様の配合であり、焼くと生地状になる。1506年にピティビエ職人が作ったとされる(55頁参照)。

クレーム・パティシエール
crème pâtissière(カスタードクリーム)

直訳すると、菓子屋のクリーム。沸騰した牛乳に卵黄、砂糖、小麦粉(あるいはコーンスターチ)を合わせて作る。17世紀頃に誕生したといわれる。[*2]

クレーム・アングレーズ
crème anglaise（カスタードソース）

アングレーズとはフランス語で、イギリス風という意味である。1828年頃に宮廷料理人が考案したクレーム・フランセーズが起源とされる。*3 イギリス滞在中のエスコフィエがここから澱粉を除き、軽く流動性の高いものにしたのがこのソースである。

クレーム・ムースリーヌ
crème mousseline

クレーム・パティシエール＋バター。ムースリーヌ（mousseline）という語は、モスリン布（滑らかさが特徴）に由来し、デリケートなクリームやソースの名に用いられる。

クレーム・サントノーレ
crème saint-honoré（クレーム・シブースト）

クレーム・パティシエール＋イタリアンメレンゲ。サントノーレ（66頁参照）というお菓子を作る場合に使用されるクリーム。このクリームの上部をカラメリゼしたものをシブーストと呼ぶ場合もある。1840年頃、パリのサントノーレ通りに菓子店を構えていた菓子職人シブーストが考案したとされるが、彼の弟子であったオーギュスト・ジュリアンが考案したという説もある。

クレーム・レジェ
crème légères（クレーム・ディプロマット）

クレーム・パティシエール＋生クリーム。レジェとは、軽いという意味であり、濃厚なクレーム・パティシエールに生クリームを加えることにより軽い感じになるのでこの名がついた。このクリームは、クレーム・デプロマットと呼ばれる場合もある。ディプロマットとは、外交官の意味である。1856年、外交官マルセリュスの料理人モンミレルが、シャトーブリアン風プディング*4を発表したところ、外交官風プディングと呼ばれ、評判を呼び、これが後にクレーム・ディプロマットになったといわれる。

クレーム・フランジパーヌ
crème frangipane

クレーム・パティシエール＋クレーム・ダマンド。1533年、イタリアのカトリーヌ・ド・メディシスがフランスの王子（後のアンリ2世）に輿入れをする際、彼女に想いを寄せていたローマの貴族フランジパーヌ伯爵[*5]が、このクリームのレシピを贈ったという[*6]。

ガナッシュ
ganache（チョコレートクリーム）

温めた生クリームにチョコレートを加えて練り上げたクリームのこと。ガナッシュの由来には3説ある。

❶ ガナッシュとはフランス語で「まぬけ」という意味で、ある見習いのパティシエがチョコレートの中に生クリームをこぼしてしまった。それを見た親方が思わず「ガナッシュ！」（このまぬけ！）と怒鳴った。ところが、これが美味しく、そのクリームの名となったという説。

❷ フランス南西部の方言に由来し、「ぬかるみを難儀して歩く」という意のガナシャ（ganacher）ということばが語源であり、クリームの様がぬかるみに似ていることから、この名がついたという説。

❸ 1850年頃、パリの菓子屋、シロダンが考案したとする説。

＊1 1533年、カトリーヌ・ド・メディシスの輿入れの際、同行した菓子職人が既に生クリームをかき混ぜるということをしていたという説もある。

＊2 1655年発刊「フランスの製菓人」のレシピでは砂糖は入っていない。料理用のクリームに、後に砂糖が加えられ、製菓に用いられるようになったと思われる。

＊3 当時は、クレーム・パティシエールは小麦粉を加えるもの、クレーム・フランセーズは澱粉を加えるものと区別していたと思われる。

＊4 シャトーブリアンとは、政治家であり美食家であったフランス人貴族シャトー・ブリアン子爵のこと。一時、イギリス大使としてロンドンに赴任していた。

＊5 伯爵は、ビターアーモンドから手袋用の香水を作ったことでも有名な人物であったことから、アーモンド風味のこのクリームにパティシエが彼の名をつけたといわれる。

＊6 輿入れに同行した伯爵がカトリーヌの好物のポレンタ（とうもろこし粉を練った粥）を作ろうとしたが材料が入手できず、代わりに作らせたという説もある。

---

column

ジュリアン兄弟

ジュリアン兄弟とは、アルトゥール・ジュリアン（Arthur Julien、1820～1886）、オーギュスト・ジュリアン（Augusut Julien、1821～1887）、ナルシス・ジュリアン（Narcisse Julien、1825～1890）のこと。19世紀の有名なパティシエとして名が挙がるジュリアン兄弟は、ヒゲ面の3人兄弟。1843年、パリに「ラ・ブルス」出店。サバランで一世を風靡した。

{ アイスクリーム }
ice cream

牛乳、卵黄、砂糖、香料などの
材料を混ぜ合わせ、
攪拌しながら冷凍したお菓子。

アイスクリームケーキ

氷菓のルーツ

いわゆる「氷菓」のはじまりについては、様々な説が伝えられている。アレキサンダー大王（B.C.356～323年）は山から雪を運ばせ、冷たい飲み物を戦場で兵士たちに与え、士気を高めたという。また、ローマの皇帝ネロ（37～68年）はアルプスから雪を運ばせ、バラやスミレの花水、蜂蜜などで香味をつけた氷菓「ドルチェ・ビータ」を愛飲していた等、枚挙にいとまがない。今日の氷菓に直接に結びつくと考えられるのは、11世紀頃にアラブ世界にあった「シャルバート」という飲料である。これはバラや麝香（ジャコウ）で香味をつけた砂糖水を山の氷雪で冷やした飲み物であった。このシャルバートは、十字軍の遠征によりアラブからイタリアのシチリアに伝わる。シチリアでは、製法に様々な工夫がなされ、名前も「ソルベット」に変わり、今日のシャーベットの原型となる。

氷菓を広めた出来事

16世紀、氷菓に影響を与える大きな出来事が2つ起こる。
❶冷凍技術の発明。水に硝石を入れると、その溶解の吸熱作用で水の温度が下がることが発見され[*1]、人工的にシャーベットを作ることができるようになる。
❷1533年のカトリーヌ・ド・メディシスとオルレアン公（のちのアンリ2世）の婚礼。イタリアの料理や菓子とともにソルベットもフランスへ伝わり、さらにヨーロッパ各地にも拡がっていくきっかけとなる[*2]。イタリアからやってきたソルベットは、フランスで生クリームやババロアと結びついて、アイスクリームになる。シチリア出身のフランソワ・プロコープ（181頁参照）は、1720年、ホイップクリームを凍結したグラス・ア・ラ・シャンティを作り、これが現在のアイスクリームの原型になる。

アイスクリームの産業化

アイスクリームの産業化はアメリカ[*3]でなされた。1851年、アメリカのボルチモアの牛乳屋ヤコブ・フッセルは、余った生クリームでアイスクリームの生産を決意。牛乳工場をアイスクリーム工場に改造し生産を始めた。また禁酒法の時代（1920-1933年）、多くの酒造メーカーがアイスクリーム産業に参入。アイスクリームは一大産業となる。

日本のアイスクリーム

日本で最初にアイスクリームを食べたのは、1860年に日米修好通商条約の批准書交換のため渡米した徳川幕府一行といわれる。1869年5月9日[*4]、町田房蔵が横浜馬車道通りで、日本で最初のアイスクリーム「あいすくりん」の製造販売を始める。1900年には資生堂がアイスクリームの販売を開始した。日本でアイスクリームの工業生産がスタートするのは大正9年である。

*1　16世紀初頭に、パドバ大学の教授マルク・アントニウス・ジマラが発見。さらに16世紀中頃には、ベルナルド・ボンタレンティが氷に硝石を加えることで－20℃程度まで温度が下がることを発見した。
*2　イギリスへは、1624年、カトリーヌの孫アンリエッタ・マリア姫がイギリス王チャールズ1世に嫁いだときに伝わったとされる。
*3　アメリカには、18世紀の終わり頃に、イギリスからの移民により伝わったとされる。
*4　この日にちなみ、日本アイスクリーム協会は、1965年、5月9日を「アイスクリームの日」と制定した。

column

氷菓の分類

氷菓の本を見ると、様々な名称が入り乱れ、違いがわかりにくい。国ごとに規格が違い、様々なレシピがあるため、分類するのは難しいが、乳脂肪分の量を基準に考えれば、だいたい以下のようになると思われる。

グラニテ（仏 granite）
粒状の氷が入る凍らせた果汁や果肉入りのシロップを細かく削り、粒状に凍らせた氷菓。シャーベットより軽くあっさり。

ソルベ（仏 sorbet）
フルーツジュース・ピューレを凍結させたもの。

シャーベット（米 sherbet）
ソルベに牛乳、卵白、ゼラチンを加えたもの。アイスクリームより甘味料が多い。乳脂肪分 1〜2%。

ジェラート（伊 gelato）
果汁、果肉、牛乳、砂糖を使用
乳脂肪分 4〜8%。

アイスクリーム（米 icecream）
日本では乳固形分 15%以上、乳脂肪分 8%以上。米国では乳固形分 20%以上、乳脂肪分 10%以上。

グラス（仏 glace）
アイスクリームとほぼ同義に使用されることが多い。

パルフェ（仏 parfait）
「完全な」の意。生クリームの多いアイスクリーム。

Chapter 8

{ パン・その他 }

pain
croissant
danish pastry
brioche
tarte tropézienne
kouign-aman
bostock
polonaise
croissant aux amandes
croque-monsieur
quiche
café
thé

｛パンの歴史｝

pain

パンの登場は
西洋の食文化に大きな影響を
もたらした。

パンの誕生

パンが誕生したのは、紀元前6000年前頃、メソポタミアの中心地であったバビロニアだといわれている。この地域では紀元前7000年前あたりから小麦粉が栽培され、それを煮た粥状のものを常食としていた。ある日、これが熱い石の上にこぼれ、クレープのようなものが焼けた。これがパンのはじまりである。

発酵パンの誕生

紀元前4000年頃、パン（無発酵）は、メソポタミアからエジプトへと伝わるが、ここで画期的なパンが誕生する。ある日、焼かずに放っておいたパン生地が天然酵母の働きでぶくぶくと泡を吹き、膨らんだ。これを焼いてみたところ、ふっくらと柔らかなパンが焼き上がった。発酵パンの誕生である。紀元前3000年頃といわれている。以来、古い生地を混ぜ合わせて、発酵パンが作られるようになる。また、発酵パンの焼く前のドロドロした液体がその

まま飲まれた。これがビールのはじまりである。古代エジプトの主たる食物は、パン、ビール、そして疲労回復効果があるとして栽培が盛んであったタマネギだった。

焼成技術の進歩

パンの焼き方も進歩を遂げる。当初は直火か石の上でパンを焼いていたが、釜でパンを焼くようになる。紀元前 2000 年頃には釜の内側に貼りつけて焼く、現在のタンドールという釜の原型ができる。インド、中近東の代表的なパン「ナン」「チャパティ」は、今でもこのやり方で焼かれている。

パン屋の誕生

発酵パンは、エジプトと交易のあったギリシャにも伝わる。製パン技術を身につけたマゲイロスと呼ばれるパン職人によって店売りされるようになる。また紀元前 150 年頃、ローマ軍がギリシャから捕虜としてパン職人を連れ帰り、紀元前 100 年頃にはローマに 250 軒ものパン屋ができ、製パン技術はヨーロッパ全土に拡がっていった。

酵母の培養と発酵原理の解明

ヨーロッパにパンが普及した 15 世紀以降も、パンがなぜ膨らむのかは謎のままだった。酵母の存在が明らかにされたのは、1683 年のことである。オランダのレーウェンフックが顕微鏡を発明し、肉眼では見えない酵母の存在が明らかになった。酵母の分離培養にも成功し、酵母の研究が開始され、パン作りに影響を与える。18 世紀には、それまで一般に使われていたビール酵母にかえて、よりパン作りに適した酒精酵母が使われるようになる。そして 1857 年、フランスの生化学者パスツールにより、ついに発酵の原理が解明される。彼は、酵母が糖をアルコールと炭酸ガスに分解することをつきとめ、ここに長らく謎とされていた「パンがなぜ膨らむのか」という疑問が解明された。

イーストの誕生

イーストとは、自然界にある多種多様な菌のうち、最も製パンに適したものを果実や穀類などから分離して、純粋培養した一種の人工酵母である。1825 年、ドイツ

天然酵母で作った山形食パン

は生イーストの試作に成功。1880年代には、欧米各国がイーストの企業化を目指すようになる。そして第二次世界大戦中、軍事パンの研究からアメリカでドライイーストが生まれた。イーストは、パン生地の発酵力が強く、大量にパンを作るのに適していたことから、その後のパン作りの主流になっていった。

天然酵母への回帰

近時、天然酵母で作ったパンは香ばしく、深い味わいがあるとして、その美味しさが見直され、静かなブームになっている。天然酵母とは、穀物・野菜・果物などを原料にし、自然発生させた酵母のこと。天然酵母は、乳酸菌や酢酸菌などが共に繁殖しているため、発酵力・味に変化を与える。また、原料の種類や環境により様々な風味が存在する。ぶどうからとったフランスのぶどう種、ライ麦で作ったドイツのサワー種、ご飯と少量の米麹を混ぜて作った日本の酒種などが有名である。天然酵母パンとは、このような自然界の酵母を増やし、その力で膨らませたパンのことである。

天然酵母で作った様々なパン

パンからお菓子へ

パンはまた、お菓子を生み出す土台ともなった。パンの材料である小麦粉と水には、やがて牛乳、バター、チーズといった乳製品の他に卵や砂糖といったものも加えられるようになり、ブリオッシュ（175頁参照）のようなリッチな生地が生まれた。ブリオッシュは、今でもタルト等に用いられるパンとお菓子の中間に位置する生地である。また、パンを長期保存するため、二度焼きする技法からは、ビスケットが生まれ、やがて、ビスキュイと呼ばれるスポンジ生地が生み出されていくのである（11頁参照）。

｛クロワッサン｝
croissant

パイ状の発酵生地を
三日月形に焼いたパンのことをいう。

クロワッサンは、なぜ三日月形をしているのか?

クロワッサンのもともとの意味は三日月である。なぜ三日月形[*1]をしているかについては、次の3説がある。

❶ 1683年、オスマントルコ軍に包囲されていたオーストリアのウィーンで、早朝、町のパン屋が地下室で仕込みをしている最中に、トルコ軍がウィーンに侵入するためのトンネルを掘る音に気づいた。すぐに軍に知らせ、陥落を免れたばかりか、勝利をおさめた。そのことを記念して、「トルコ軍を食ってやる」という意味で、トルコの紋章である三日月形のパンを作ったという[*2]説。

❷ 僧服の襟の形を模したという説。

❸ 三大文明のひとつである古代文明発祥の地チグリス・ユーフラテスの地形が、三日月形の土地であったことに由来するという説。

ただ、実際のところはオーストリアには、もともと牛や山羊の角を意味する「キプフェル(Kipferl)」という名の三日月形のパンがあり、これがマリー・アントワネットがフランスに嫁いだ際、同行したパン職人によってフランスに伝えられ、現在のクロワッサンへと変貌を遂げたというのが真実のようである。

当初、クロワッサンは、パン生地を薄く伸ばして作られていたが、1920年頃、パリのパン屋で、現在のようなバターを折り込んだパイ生地状のものが作られ始めた。

*1 フランスのクロワッサンは、バターを100%使用している場合は菱形で、マーガリンなどその他の油脂を使用しているものは三日月形に仕上げるのが通例である。しかし、日本ではバター100%であっても、その名にちなみ、伝統的な三日月形に仕上げることが多い。
*2 ハンガリーのブタペストが発祥とする説もある。

｛デニッシュ・ペストリー｝

danish pastry

砂糖・油脂・卵をたっぷり入れた
パイ状の生地で作った菓子パンのこと。

デニッシュ・ペストリーの発祥国

デニッシュ・ペストリーとは、デンマークのパンという意味。フランスではガトー・ダノワ（デンマーク風菓子）、ドイツではデニッシャー・プルンダー（デンマークのパン）と、いずれの国でもデンマーク由来の名称で呼ばれている。しかし、当のデンマークでは、「ヴィエナブロート」（ウィーンのパン）と呼ばれている。これは、なぜか？ 実は、デニッシュペストリーは、もともとオーストリアのウィーン発祥のパンで、これがデンマークに伝わり[*1]、酪農王国ならではのバターや卵をたっぷり使った生地に改良されたのである。これがドイツを経て世界中に拡がったといわれる。

日本への伝来

日本では、アンデルセン[*2]が販売したのが最初である。1959年、創業者の高木俊介が欧州旅行の際、デンマークのコペンハーゲンのホテルで食べたデニッシュペストリーに感動し、日本で製造に着手した。以来、アンデルセンでは、「デンマーク」をテーマとしており、パンの種類やベーカリーカフェのブランドなどは、デンマークに由来するものが多い。

*1　ほかに❶19世紀後半、ウィーンの職人がデンマークで作ったという説、❷もともとデンマークの家庭で作られていた菓子パンに由来するという説もある。

*2　株式会社アンデルセンは、広島県広島市中区に本社を置く製パン会社である。日本初のセルフチョイス導入や、デニッシュ・ペストリーを初めて販売したことで知られる。

ブリオッシュ・ア・テット

{ ブリオッシュ } brioche

{ トロペジェンヌ } tarte tropézienne

バターと卵がたっぷり入った
リッチな味と香り、
ふんわりとした口どけの良さが
特徴のパン。

由来

ブリオッシュはウィーンが発祥だが、17世紀後半にフランスに伝わり改良され、現在のものとなった。バターをふんだんに使用することからお菓子に分類されることが多く、フランスではブリオッシュ生地でタルトを作ることも多い。マリー・アントワネットの「パンがなければお菓子を食べればいいのよ」の「お菓子」とは、ブリオッシュのことを指す。ブリオッシュという名称は1400年頃に現れたとされる。
由来には次の3つの説がある。❶昔はバターの代わりにブリー（チーズの一種）を用いており、さらにオッシュはオッチという古代ペルシャ産のいちじくで形が似ていたことから名づけられたという説、❷ブルターニュ地方のサン・ブリューの人々はブリオシアンと呼ばれており、そこの菓子職人達が作っていたことに由来するという説と、❸発酵後ガスを抜くために生地を押しつぶし、さらにこねることから、ノルマン語で「brier = つぶす」+「hocher = ゆさぶる」を語源とするという説である。

ブリオッシュ・ア・テット

日本でもおなじみの雪だるまのような形のブリオッシュ。テットとは頭のこと。僧侶が座った形ともいわれている。またこの他にも、円筒形に焼いた「ムースリーヌ」、パウンド形に焼いた「ナンテール」、王冠形に焼いた「クーロンヌ」がある。

南仏サントロペのお菓子。
大きく丸く焼いたブリオッシュ状の生地を
横半分に切って、クリームをはさむ。*1

由来

1950年頃、アレクサンドル・ミカというポーランド人のパン職人が、サントロペでパン屋を開店する。彼は、お店でクロワッサンやピザとともに、ポーランドの祖母に教わったタルトを売り、評判となる。1955年のこと、美しい砂浜の Ramatuelle 海岸で映画の撮影が行われることになり、彼はこの映画の俳優やスタッフにケータリングをすることを依頼される。その中のある女優が、このお菓子をたいそう気に入り、「このケーキに、『サントロペのタルト』と名前をつけてはどうかしら？」と提案した。これがきっかけとなって、タルト・トロペジェンヌと呼ばれることとなったという。この女優こそ、若き日のブリジッド・バルドーであった。

＊1　直径約30センチ以上ある大型のお菓子。

{クイニー・アマン}
kouign-aman

発酵生地にブルターニュ特産の
有塩バターを折り込んだ、
甘塩っぱいお菓子。

由来

ブルターニュ地方ドゥアルヌネ発祥のお菓子である。ブルトン語でクイニーは菓子、アマンはバターを意味する。1865年のある日、パン屋のおかみさんがパン生地の上にバターの塊を置き忘れ、生地にバターが浸み込んでしまった。しかし、捨てるのがもったいないので試しに焼いたところ美味しかったので、商品としたのがはじまりだという。この地方ではその昔、バターが富の象徴とされ、男性が女性にプロポーズするときにこのお菓子を贈ったという説もある。店によりパン状のものからパイ状のものまで様々なものがある。パティスリーでは、生地に砂糖をまぶしながら折込み、四角い生地の角を内側に織り込んで丸い型に入れて砂糖がカラメル化するまで焼いたものが多い。本来は、大きな円形に焼いていたが、近時は様々な大きさのものがあり、小さいものをクイネット（Kouignette）と呼ぶこともある。

{ 再生菓子 }

ここでは、俗に再生菓子と称される一群を紹介しよう。お菓子屋やパン屋が売れ残ったブリオッシュやクロワッサンを使って作り出したものである。しかし、現在では、それらのお菓子を作るためにわざわざ生地を作る店が多い。

ポロネーズ *polonaise*

ブリオッシュ・ア・テットの再生菓子。ポロネーズとは、ポーランド人の意味で、表面の白いメレンゲは、その肌の色の白さを表現したものだといわれる。
ブリオッシュの中心部をくり抜いたものをさくらんぼのリキュールのシロップに浸し、フルーツの砂糖漬けを混ぜたカスタードクリームを絞り入れる。それをメレンゲで包み、軽く焼き色をつけ、スライスアーモンドやドレンチェリーを飾る。

ボストック *bostock*

筒型に焼いたムースリーヌと呼ばれるブリオッシュの再生菓子。ムースリーヌを厚さ2センチくらいに切り、シロップに浸す。これにアーモンドクリームを塗り、スライスアーモンドを散らして焼く。最後に粉砂糖を振りかけて仕上げる。

クロワッサン・オ・ザマンド *croissant aux amandes*

クロワッサンの再生菓子。クロワッサンに切れ目を入れてアーモンドクリームを入れ、表面にも同じクリームを塗り、スライスアーモンドを散らして焼いたもの。クロワッサンをシロップに浸す場合もある。

{ クロックムッシュ }　*croque-monsieur*

{ キッシュ }　*quiche*

パンにソースを塗って[*1]、ハムや卵などをはさみ、
グリュイエールチーズなどをのせて焼いた温製サンドイッチ。

名前の由来

1910年にフランスのオペラ座近くのカフェで作られた。出勤前の紳士達[*2]が手軽に食べるホットサンドである。そこから「パリッとかじる」「かりかりと食べる」という意味のクロック（croquer）とMr.の意味のムッシュ（monsieur）を合わせて、クロックムッシュという名がついた。目玉焼きを半熟に仕上げ、クロックムッシュの上にのせると「クロックマダム」と呼び名が変わる[*3]。

＊1　ベシャメルソースやモルネーソースを塗る。前者は、バターと小麦粉を焦げないように炒めて作ったルーに、牛乳を加えて煮て濾したもの。後者は、ベシャメルソースにブイヨンを加えて煮詰め、すりおろしたチーズとバターを加えたもの。
＊2　元々は、夜遊びをする男性のために考案されたという説がある。
＊3　カフェで目玉焼きがのったものと区別するため、別名をつけただけともいわれる。

生地に具とアパレイユ
（卵、生クリーム、牛乳等に調味したもの）を
流し込んで焼いた塩味のパイ。

由来

キッシュは、現在では、パイ状の生地で作られることが多いが、初期の頃はパン生地で作られていた。16世紀頃にフランスのロレーヌ地方で生まれたとされる。ロレーヌ地方はドイツと隣接する地域で、キッシュという語は、ドイツ語のクーヘン（kuchen=お菓子[*1]）に由来するといわれる。キッシュは、1904年、フランスの司厨士協会の機関誌で紹介されたことにより、フランス全土に拡がった。

＊1　ドイツには、ツヴィーベルクーヘンというキッシュに似た料理がある。ツヴィーベルとはタマネギ、クーヘンはケーキのことで、直訳するとタマネギのケーキだが甘いわけではなく、いわゆる、タマネギのタルトである。

コーヒーの歴史

café

発祥地を巡る伝説

コーヒーの発祥地については、以下の2説がある。

❶エチオピア発祥説
これは、主としてキリスト教国で言い伝えられている説である。舞台は6世紀頃のエチオピア高原。ある日、ヤギ飼いのカルディは、ヤギたちが夜になっても興奮していることに気がつく。色々調べたところ、ヤギたちが丘の木の赤い実を食べたことが興奮の原因であることがわかった。近くの修道院の僧侶に相談したところ、試しに食べてみようということになった。実際、食べてみると、気分は爽快になり、体が元気になったような気がした。僧侶がその実を修道院に持ち帰り、他の僧侶にも勧めると、夜の宗教行事でも居眠りをする者はいなくなったという。これは、レバノンキリスト教徒ファウスト・ナイロニの「コーヒー論：その特質と効用」(1671年)に由来するエピソードである。[*1]

❷アラビア発祥説
一方、こちらは主としてイスラム教国で言い伝えられている説である。舞台は13世紀頃のイエメン山中。イスラム教の僧侶シーク・オマールはモカの町で祈祷を行い、疫病に苦しむ人々を癒していた。モカの王の娘も疫病にかかり、オマールの祈祷により回復するが、王の娘に恋をしたとして、オマールはオーサバの山中に追放される。食べ物を探し山中をさまよい歩いていると、赤い実をついばみ、元気にさえずっている一羽の小鳥を見つける。オマールはその実を洞窟に持ち帰り、煮て飲んだところ、爽快な気分になり、体力も回復した。その後オマールは、今度はこの実で多くの人々を救い、モカに戻ることを許され、聖人として崇められたという。これはイスラム教徒、アブダル・カディールの「コーヒーの合理性の擁護」(1587年)に由来するエピソードである。

コーヒーの歴史のはじまり

コーヒーは10世紀初頭には飲まれていたといわれている。もっとも、当時は乾燥したコーヒーの実を砕き、煮出し、あくまで薬として飲まれ、イスラム寺院に門外不出の秘薬として伝えられた。コーヒーが一般に知られるようになったのは13世紀になってからで、この頃には豆を炒って飲むようになった。14世紀には、コンスタンチノーブルに初めてのコーヒー店「カーネス」がオープン。16世紀にはヨーロッパ全土へと拡がっていく。

コーヒーに洗礼を施す？

1600年頃、ローマでは、イスラム教徒の飲み物をキリスト教徒が飲むのはいかがなものか、という争いが持ち上がった。ときの法王クレメンス8世は「悪魔(イスラム)の飲み物だが、こんなに美味しいものを異

教徒に独占させておくのはもったいない」といって、コーヒーに洗礼を施し、キリスト教徒の飲み物として受け入れた。これにより、コーヒーはキリスト教徒の間にも広まっていく。

イギリスのコーヒーハウス

1652年、ロンドンに初のコーヒーハウスが出現すると、次々に開店。情報交換の場として人気を博す。当時のコーヒーハウスは女人禁制で、しかも店に入り浸って家庭を顧みない男性も出現した。そのため、1674年には主婦たちからコーヒーハウス閉鎖の嘆願書が出されるという騒ぎまで起きたが、一方で、ビジネスの場としても大きな役割を発揮していた。しかし、イギリスでは茶の飲用が広まり、コーヒーハウスはやがて衰退した。

フランスのカフェ

1669年、フランス国王ルイ14世にトルコ大使がコーヒーを献上したことにより、コーヒーはフランス上流階級にも浸透し、サロンが生まれる。1686年には有名な「カフェ・プロコープ」*3が誕生する。このカフェは、従来のトルコやアルメニア風カフェとは一線を画した純フランス風カフェであった。ルソー、バルザックなどフランスの歴史に名を残す多くの文人や芸術家が集ったという。*4

日本への伝来

コーヒーは、江戸時代にオランダ人により長崎の出島に持ち込まれたという説が有力である。しかし、当時の日本は鎖国中であり、広まらなかった。明治時代になり、文明開化の時代に入り、1888年、鄭永慶という人物が日本で初めての喫茶店「可否茶館」を開店するが、時期尚早で3年で閉店する。

しかし、明治の末には、東京・銀座に「カフェー・プランタン」や「カフェー・ライオン」など多くのカフェが開店する。中でも「カフェ・パウリスタ」は、日本からのブラジル移民の見返りとしてブラジル政府から無償で提供されたコーヒー豆を使い、コーヒーを低価格で提供し、大いに繁盛したという。その後、戦時体制でコーヒー豆の輸入が制限されるが、1960年には、コーヒー生豆の輸入全面自由化、1961年にはインスタントコーヒーの輸入が完全自由化された。

＊1　原典には、年代、場所についての記述はなく、ヤギ飼いの名前も記されていない。

＊2　1688年頃、エドワード・ロイドはコーヒー・ハウス「ロイズ」を開店。店で船主や商人たちの情報を集め、海難保険を始めた。これが世界最大の保険会社「ロイズ保険会社」の発祥である。

＊3　このカフェを開いたのは、シチリア出身のフランチェスコ・プロコピオ・ディ・コルテッリである。当初、カフェのボーイをしていたが、父親の経営する浴場をシャンデリアがある高級カフェに大改装、新しい情報を壁新聞の形で提供し、情報・文化の発信地となる。現在、ギャルソンの服装として定着している白いシャツに黒いスラックス、エプロンをするスタイルもプロコープの発案とされる。また、氷菓をいち早くメニューに取り入れたのも彼で、1720年にはアイスクリームを売り出したことでも有名。プロコープは、現存するフランス最古のカフェであるが、何度もオーナーが交代し、一時閉鎖に追い込まれた時期もあった。現在の店は、生がき専門店オ・ピエ・ド・コションのオーナーであるピエール・ブランが再開した。そのため、店内は、カフェでなく、生がき料理のレストランとなっている。

＊4　若き日のナポレオンもこの店でチェスに興じ、支払いのツケのカタに帽子を置いていったという逸話もある。

紅茶の歴史

thé

茶の分類

茶は、摘み取ったあと、放置すると自らの酵素で発酵する。発酵の度合いにより、❶不発酵茶❷発酵茶❸後発酵茶の三つに分類される。①の代表は、「緑茶」である。摘み取ったあと、酵素を不活性化するため加熱する。②は「烏龍茶」のような半発酵茶から、強発酵茶の「紅茶」まで多くの種類がある。③は、茶の酵素ではなく、カビやバクテリアにより発酵させたものである。プーアール茶などがある。

つまり、はじめから紅茶の木というものがあるわけではなく、緑茶も烏龍茶も紅茶も、もとは同じ「茶」であり、発酵の度合いが異なるだけである。

茶のルーツ

茶のルーツは、中国雲南省西南部といわれる。BC2374年、神農帝がお湯を沸かし飲もうとしたところ、木の葉が風にのってお湯の中に入り、良い香りを漂わせたというのがはじまりとされる。この神農帝は、漢方医学の祖とされる人物で、様々な草木を調べるため、自ら食し、毒にあたると茶を飲んで解毒したという。1日に72回も毒に当たり、その度ごとにお茶で解毒したという伝説が残っている。この神話から、茶は、はじめは薬として用いられたことがわかる。いわゆる喫茶の歴史は、後漢（25〜220年）頃から始まったとされ、三国時代（220〜265年）には上流階級で喫茶が一般化した。唐（618〜907年）の時代になると茶を日常的に飲むことが大衆化する。

茶の伝播

雲南省のお茶は主にタイ族により、一方では福建省に伝わり、一方ではミャンマーやインドのアッサム地方に伝わる。福建省は茶の栽培に適した地であり、海に面した港を有していたことから、主に福建省の武夷のお茶がイギリスに輸出されるようになる。

ヨーロッパへの伝播

1610年、東洋の茶（緑茶）がオランダ東インド会社により、ヨーロッパにもたらされる。1657年には、イギリスにも茶が輸入され、コーヒーハウスで飲まれるようになる。緑茶と烏龍茶が輸入されたが、ロンドンの水質では、緑茶は気の抜けた味になること、肉食中心のイギリスでは、烏龍茶の方が口の中の油脂分をさっぱりと流してくれるということあり、色も味も濃い烏龍茶（ボヘア茶）の方が好まれた。

紅茶の誕生から、「キーマン」まで

中国ではイギリスの要望で発酵度の強い烏龍茶の開発を進め、18世紀半ばにはボヘ

ア茶よりも良質で強発酵の茶が作られるようになる。すなわち中国福建省の武夷では、烏龍茶（半発酵茶＝青茶）の製法を発展させて、強発酵（紅茶）ができ上がる。[*6]紅茶の元祖は、武夷山の北側にある星村の「正山小種」[*7]（セイザンショウシュ）であるとされる。これが安徽省の祁門（Keemun）[*8]に伝えられ、改良が加えられ、世界3大紅茶のひとつキーマン（キーン）紅茶[*9]となる。

「ダージリン」

19世紀、イギリスは増大する紅茶の需要を満たすため、自ら、植民地であるインドやセイロンでの茶の栽培を模索する。1836年、中国の茶の苗木をインドに運び植えるが、インドの地には根付かず、悲惨な結果となった。唯一生き残ったのは、後に三大紅茶のひとつとなるダージリン地方に植えられた苗だけであった。すなわち、インドのダージリンはまぎれもない、中国種のお茶なのである。

「アッサム」

1823年、1人のイギリスの海軍少佐ロバート・ブルースが、インドのアッサム東部で現地の族長の案内で自生の茶の木があるのを見つける。[*10]彼の死後、弟のチャールズ・ブルースは、苦労を重ね、1837年栽培に成功し、1839年には彼の紅茶はロンドンで高値がつく。これにより、起業家たちがアッサムの紅茶事業に次々と参入した。

「セイロン」

インドの次にイギリスが目をつけたのがセイロン（現在のスリランカ）であった。当初セイロンでは、コーヒーが栽培されていたが、木の伝染病により全滅し、アッサムから茶の苗木を取り寄せて、お茶作りが始まる。このセイロンでの茶の栽培・製茶を数年で成功させたのが、セイロン紅茶の父と呼ばれるジェームス・テーラー[*11]であった。彼はスコットランド出身で、セイロンのコーヒー農園で働いていたが、全滅により、紅茶の栽培を命じられ、才能を発揮した。1880年代には、中国茶、アッサム茶とともに、テーラーのセイロン茶も高値で取引されるようになる。

「ウバ」

1890年、トーマス・リプトン[*12]が、セイロン島南東部のウバ地方の茶園を買い取り、茶の栽培に乗り出す。最新の設備を導入し、品質のよいお茶作りを進めた結果、彼の茶園のお茶は、ロンドンのティーオークションで、史上最高値で落札され、ウバが一躍紅茶のブランドとして躍り出る。

「ティーバッグ」のはじまり

ティーバッグとは、紅茶の葉を入れた小袋であり、茶漉しを使わずに入れることができる利点がある。1908年、アメリカの茶商人トーマス・サリバンが商品化し、販売したといわれる。[*13]1900年頃のアメリカでは、茶商人は紅茶のサンプルを錫の容器に入れて小売商に送っていた。トーマスは、コストを削減するため、これを絹の袋に代えて送ったところ、受取った方は、そういう商品だと勘違いして、そのまま煮出してしまったという。絹の袋は、その後、綿、紙と材質を変えて販売されるようになった。

＊1　茶のルーツについては、❶中国種とインド種の2種類があるとする二元説と、❷インド種も中国種の1つであるとする一元説がある。近時は一元説が有力とされ、本書もこの説にしたがっている。
＊2　もとは、長江中流域に住んでいた民族。広東省、福建省でも栄える。漢族との戦乱により、雲南省を経て、タイやミャンマー、ラオスに移動。
＊3　当時イギリスが輸入していた福建省の武夷茶は、「武夷」の中国語の発音（ヴーイー）がなまって、英語でBOHEAと綴られた。日本では、これをローマ字読みしてボヘア茶と呼んだ。
＊4　1717年、トーマス・トワイニングはロンドンの自分のコーヒーハウス「トムズ・コーヒーハウス」の隣に、イギリス初の紅茶専門店「ゴールデン・ライオン」をオープンし、女性も利用できるようにした。当時のコーヒーハウスは女人禁制だったこともあり、店には毎日多くの女性客が訪れ大繁盛した。やがて、彼は事業を紅茶に特化させていく。家業は彼の子孫に受け継がれ、順調に発展。1837年のヴィクトリア女王の即位に際して王室御用達となる。
＊5　烏龍茶のはじまりは不明で、烏龍茶ということばが文献に初めて登場するのは福建省安溪県の「安溪県志」（1725～1735年）であるという。ちなみに、茶葉が龍のように見えるものを集めたものを烏龍茶という。
＊6　武夷山市星村鎮桐木（とんむ）村は古くから緑茶の産地であった。ある年、摘んだ茶葉を納屋に広げ、発酵を止めるための加熱処理の準備をしていたところ、軍隊がやって来て、寝泊りをするために村の納屋を占拠、去ったあとには、発酵の進んでしまったお茶が残された。貧しい農民は、このお茶に加熱処理を行い、商人に託すことにした。茶の種類を聞かれ、農民は、茶葉が黒くなっていたので、カラスにたとえ、烏茶と答えたという……紅茶のはじまりに関する伝承として書かれるが、烏龍茶と紅茶は発酵の度合いが異なるだけで、烏龍茶のはじまりに関する伝承としても読めるのではないだろうか。

＊7　「正山」とは武夷山を、「小種」とは自生している茶木が少ないことの意。
＊8　安徽省（あんきしょう）への伝来に関しては以下の2説がある。
❶ 1784年に余干臣が宦官をやめて商人になり、福建省から安徽省にきて、福建省の発酵茶にならい、東至県に工場を設立。翌年には、祁門県に二ヶ所の製茶工場を設立して「祁門紅茶」を造ったという説。
❷ 1786年に祁門の南の貴渓の胡元竜が日順茶工場を開設、烏龍茶を改良して「祁門紅茶」を造ったという説。
＊9　世界3大紅茶とは、❶ダージリン（インド）❷ウバ（セイロン）❸キーマン（中国）のことを指す。
＊10　中国雲南省から、伝来したものと考えられる。
＊11　セイロン紅茶の父といわれる。謙虚で控え目な人物として知られ、茶園の小屋で58歳の生涯を閉じ、墓地に彼の棺が運ばれるとき、彼の下で働いていた大勢のタミル人が長い列を作って続き、彼の死を悼んだという。
＊12　トーマス・リプトンは、1850年スコットランド生まれ。幼少の頃から商才を発揮、幾つもの逸話が残っている。彼の両親は小さな雑貨屋を営んでいたが、小さな母の手の方が卵が大きく見えるので、卵を売るのは、母の方がいいと、10歳にも満たないトーマスが両親に助言したという。15歳でアメリカに渡り、百貨店の食品売り場で商売のノウハウを吸収し、19歳で帰国。21歳で自分の店を開き、機知に富んだ商売方法で成功を収め、10年後には、店舗数20、従業員800名となった。当時需要が伸びていた紅茶の販売にも進出。他店のような量り売り方式をとらず、あらかじめ一定量をパックしたものを店頭に並べる方式をとり、価格も薄利多売方式により大幅に引き下げた。これによりリプトンの店は評判を呼び、本格的に紅茶商人の道を歩み始める。
＊13　1896年、イギリスでA. V. スミスという人物がガーゼで茶葉を包んだものを考案し、1896年に特許を得ていたという説もある。

参考文献

お菓子全般：	『世界食物百科』マグロンヌ・トゥーサン＝サマ著／玉村豊男監訳／原書房　1998 (HISTOIRE NATURELLE&MORALE DE LA NOURRITURE) 『お菓子の歴史』マグロンヌ・トゥーサン＝サマ著／吉田春美訳／河出書房新社　2006 『世界たべもの起源事典』岡田哲著／東京堂出版　2005 『洋菓子の世界史』吉田菊次郎著／製菓実験社　1986 『万国お菓子物語』吉田菊次郎著／晶文社　2003 『洋菓子はじめて物語』吉田菊次郎著／平凡社新書　2001 『お菓子の世界・世界のお菓子』吉田菊次郎著／時事通信社　2008 『ヨーロッパの郷土菓子』河合重久著／旭屋出版MOOK　2002 『ヨーロッパお菓子紀行』相原恭子著／日本放送出版協会　2002 『料理人たちの饗宴』桜沢琢海著／河出書房新社　2002 『チーズケーキの旅』山本ゆりこ著／女子栄養大学出版部　2004
フランス菓子：	『ラルース料理百科事典　全6巻』(nouveau Larousse gastronomique) プロスペル・モンタニュ著／三洋出版貿易社　1978-1979 『基礎フランス菓子教本　全3巻』(Traite de patisserie artisanale) ローラン・ビルー、アラン・エスコフィエ著／ (1.2巻)平井真理子訳、(3巻)加藤康子訳／柴田書店　1989 『名前が語るお菓子の歴史』ニナ・バルビエ、エマニュエル・ペレ共著／北代美和子訳／白水社　2005 『ベーシックは美味しい』河田勝彦著／柴田書店　2005 『プロのためのわかりやすいフランス菓子』川北末一著／柴田書店　2004 『フランスの地方菓子』ジャン＝リュック・ムーラン著／学習研究社　2005 『プロのためのフランス料理の歴史』ジャン＝ピエール・プーラン&エドモン・ネランク著／ 山内秀文訳／Gakken　2005 『私のフランス地方菓子』大森由紀子著／柴田書店　1999 『不思議のフランス菓子』大森由紀子著／NTT出版　2001 『フランスお菓子紀行』大森由紀子著／NTT出版　1995 『フランスの田舎で見つけたお菓子たち』大森由紀子著／青春出版社　2001 『フランス伝統的な焼き菓子』大森由紀子著／角川マガジンズ　2008
イタリア菓子：	『イタリアの地方菓子』須山雄子著／料理王国社　2006 『イタリアの手づくりお菓子』みやした　むつよ・宮下孝晴共著／梧桐書院　2006
ウィーン菓子：	『いま新しい伝統の味 ウィーン菓子』野澤孝彦著／旭屋出版　2006 『ハプスブルグ　プリンセスの宮廷菓子』関田淳子著／新人物往来社　2007
イギリス菓子：	『イギリス菓子のクラシックレシピから』長谷川恭子著／柴田書店　2001
アメリカ菓子：	『おしゃれなカフェのシフォンケーキ』小学館　2001
チョコレート・砂糖：	『チョコレートの事典』成美堂出版編集部編／成美堂出版　2004 『砂糖の世界史』川北稔著／岩波書店新書　2007
紅茶：	『紅茶事典』磯淵猛著／新星出版社　2008 『一杯の紅茶の世界史』磯淵猛著／文春新書　2005
科学：	『お菓子「こつ」の科学』河田昌子著／柴田書店　2007
人物伝：	『宮廷料理人アントナン・カレーム』イアン・ケリー著／村上彩訳／ランダムハウス講談社　2005

おわりに
~パティスリーの由来~

日本においては、パティスリー（patisserie）といえば、洋菓子またはそれを売っている洋菓子店のことを意味し、お菓子を作る人をパティシエ（男性）あるいはパティシエール（女性）と称する。しかし、フランスにおいてパティスリーとは、もっと幅広い意味を持った概念である。

このパティスリーの語源となった、パート（pate）という語は、小麦粉に水を加え、練ったものを意味するが、もともとは、古代ギリシャ語で大麦がゆを意味するパステ（pasti）に由来し、これがラテン語のパスタとなり、フランス語のパート（pate）になった。そして、これで作ったものをパティスリーと称するようになった。つまりパティスリーとは、本来、小麦粉の練り生地を用いて作られた料理、菓子全般をさす。小麦粉を練って作るものといえば、パン、ケーキ、パイ包み料理など様々

なものがあるが、昔はパン屋や菓子屋、惣菜屋などの明確な区別はなかった。しかし、13世紀〜18世紀にかけてフランスでは、いろいろな業種が自らの業務領域を巡って争い、15世紀半ば、菓子屋（パティスリー）は、菓子のほか、パテ料理の権利を持って、パン屋（ブーランジェリー）から完全に独立した存在となる。

パテ料理とは、肉や魚、野菜などをパイ生地など小麦粉の生地で包んでオーブンで焼いた料理のことで、パティシエとは、本来パテ料理を作る人を指したともいわれる。

実際にフランスのパティスリーを訪ねると、パテ料理をはじめとする、いわゆる惣菜を販売している店がかなりある。また今日では、ブーランジェリーを兼ねるところも多く、パンを扱う店も多い。お菓子でも、ギモーヴ（マシュマロ）、パート・ド・フリュイ（フルーツゼリー）、マジパン菓子など日本の洋菓子店では、あまり扱っていないものも多く売られている。しかし、逆に日本とは異なり、チョコレートはショコラティエというパティシエとは別の専門職が存在するため、パティスリーで見かけることはあまりない。また喫茶コーナーを併設するパティスリーもほとんどない。これは、サロン・ド・テの領域なのである。

このようなフランスと日本の違いを踏まえ、本書では日本のケーキ店が扱う領域を中心に考え、パテ料理などの惣菜関連は除外する一方、チョコレート、コーヒー、紅茶に関する記述を加えた。

最後になったが、本書を執筆するにあたりお世話になったロワゾー・ド・リヨン シェフパティシエ捧雄介氏、同パティシエール髙田麻友美氏、幻冬舎ルネッサンス編集局の塚原昌子氏、デザイナーの佐藤芳孝氏、白井瑞器氏に感謝の意を表したい。

索引

{あ}

アーモンド ― 128
アーモンドクリーム ― 54,159
アイスクリーム ― 162
アッサム ― 183
アップルパイ ― 58
アップルバター ― 59
アフタヌーンティー ― 90
甘い7年戦争 ― 23
アマンディーヌ ― 44
アメリカンマフィン ― 32
アリュメット ― 52
アルケーメス ― 31
アルザスのパン・デピス ― 75
アンジェリーナ ― 27
アンジェリカ ― 55
アントナン・カレーム ― 19,35,51,63,65,155,156,157
イースター ― 117
イースト ― 168
イタリアンメレンゲ ― 101
イングリッシュマフィン ― 32
ウィークエンド ― 77
ウィーン菓子 ― 60
ヴィジタンディーヌ ― 81
ウイリアムリッチ ― 35
ウーブリ ― 97
烏龍茶 ― 182
ウエディングケーキ ― 34
ウエハー ― 97
ウバ ― 183
運命の石 ― 91
エクレア ― 64
エドモン・ロスタン ― 44
エンガディナー・ヌュストルテ ― 89
エンゼルフードケーキ ― 17
オペラ ― 24
オベリアス ― 85
オベリオス ― 97
おやつ ― 91
オランジェット ― 144
オレイエット ― 117

{か}

カーディナルシュニッテン ― 20,60
菓子屋の守護神 ― 67
カスタードクリーム ― 159
カスタードソース ― 160
カスティーリャ・ボーロ ― 11
型 ― 115
カップケーキ ― 33
ガトー・ア・ラ・ブロッシュ ― 86
ガトー・バスク ― 89
ガトー・ピレネー ― 86
門倉國輝 ― 13
ガトー・ブルトン ― 88
カトルカール ― 76
ガナッシュ ― 161
カヌレ ― 106
カフェ・プロコープ ― 181
カラギーナン ― 153
カリソン ― 134
ガレット ― 95
ガレット・デ・ロワ ― 56
ガレット・ブルトンヌ ― 88
カロリーヌ ― 65
寒天 ― 153
キーマン ― 182
キッシュ ― 178
キプフェル ― 171
ギモーヴ ― 136
キャラメル ― 136
牛乳 ― 155
クイニー・アマン ― 176
クイネット ― 176
クーロンヌ ― 175
クグロフ ― 60,110
クッキー ― 92
クッサン ― 134
グラス・ア・ロー ― 127
グラスロワイヤル ― 52,127
クラフティー ― 150
グラン ― 72
クリシー ― 25
クリスマスケーキ ― 37
クリスマスプディング ― 40

※メインで紹介しているページを黒文字、補足的に紹介しているページをグレー文字で表記

(188)

クレープ	94
クレープ占い	95
クレープ・ダンテル	95
クレーム・アングレーズ	160
クレーム・オ・ブール	158
クレーム・サントノーレ	160
クレーム・シブースト	160
クレーム・シャンティー	159
クレーム・ダマンド	55,159
クレーム・ディプロマット	160
クレーム・パティシエール	159
クレーム・フランジパーヌ	161
クレーム・ブリュレ	148
クレーム・ムースリーヌ	160
クレーム・レジェ	160
クレマ・カタラーナ	149
クレメ・ダンジュ	157
クロード・ジュレ	49
クロカンブッシュ	35,71
クロックマダム	179
クロックムッシュ	178
クロワッサン	60,170
クロワッサン・オ・ザマンド	177
ケーク	76
ケーゼクーヘン	29
源氏パイ	53
公現節(こうげんせつ)	57
紅茶	182
酵母	167
コーヒー	180
ゴーフル	97
ゴーフレット	99
コンベルサッシオン	52

【さ】

再生菓子	177
サクリスタン	52
サコティス	87
ザッハトルテ	22
サトウキビ	123
サバラン	114
サブレ	92
サランボ	65
サンタクロース	75

サントノーレ	66
サン・ニコラ	75
サン・ミッシェル	67
シーニョ	72
ジェノワーズ	10
シガレット	93
シガレット生地	93
シテ島	68
シブースト	67
シフォンケーキ	16
絞り袋	115
ジャヴァネ	108
ジャム	124
ジャルジー	59
シャルロット	18
ジャン・アヴィス	63
ジャンドゥーヤ	132
ジャン・パステーリャ	35
シュヴァルツヴェルダー・キルシュトルテ	21
シュークリーム	62
シューケット	72
シュクセ	105
シュトゥルーデル	50,60
シュトーレン	36
シュニッテ	21
ジュリアン兄弟	115,161
ショーソン	53
ショートケーキ	12
シロップ	127
スイスメレンゲ	101
スイスロール	15
スーピール・ド・ノンヌ	70
スウリー	72
スコーン	90
ズコット	32
ズッパ・イングレーゼ	30
ストレー	113
ストロープワッフル	99
スノーボール	93
スポンジ	10
正山小種(せいざんしょうしゅ)	183
聖燭祭(せいしょくさい)	95
セミフレッド	33
ゼラチン	153
ゼリー	152

(189)

セルニク	28
空豆くじ	57

{た}

ダージリン	183
ダコワーズ	104
タルタ	15
タルト	42
タルト・タタン	45
ダロワイヨ	25
チーズ	47
チーズケーキ	28
チュイル	93
チョコレート	140
チョコレートクリーム	161
ティーバッグ	183
ティグレ	81
ティラミス	30
テオブロマ・カカオ	141
デニッシュ・ペストリー	172
デメル	23
甜菜糖（てんさいとう）	123
天然酵母	169
トゥールト	42
糖菓	122
トゥルト・フロマージュ	46
トゥルトデピレネー	77
ドーナッツ	118
ドフィノワ	89
共立法	11
ドラジェ	128
トリュフ	143
トリヨン	29
トルタ・デ・ラランジャ	15
トルテ	43
トロペジェンヌ	174

{な}

ナポレオンパイ	51
生クリーム	155
生チョコ	143
ナンテール	175
ヌガー	138

ヌガティーヌ	139
ノネット	75

{は}

パート・ダマンド	132
パート・ド・フリュイ	126
パート・フィロ	48,50
パート・ブリック	50
パイ生地	48
パイユ	53
バウムクーヘン	84
パウンドケーキ	76
バクラバ	48,50,60
パスティヤージュ	35
パスハ	29
バター	155
バタークリーム	158
パニエ	72
パネトーネ	38
ババ	112
ババロア	154
ハプスブルク家	60
ハリー・ベーカー	17
パリブレスト	66
パルミエ	53
パン	166
パン・デピス	74
パン・デ・ロワ	57
パン・ド・ジェーヌ	79,80
パンナコッタ	156
ビション	53
ビスキュイ	10
ビスキュイ・ア・ラ・キュイエール	11
ビスキュイ・ジョコンド	25
ビスキュイ・ド・サヴォワ	82
ビスケット	92
ピティビエ	54
ピティビエ・フォンダン	55
ピュイダムール	69
ビューニュ	117
氷菓	163
ピラミッドケーキ	85
ファーブルトン	150
フィナンシェ	80

ブールドネージュ	93
フェーブ	57
フェルベール	125
フォレ・ノワール	20
フォンダン	127
藤井林右衛門	13
ブッシュ・ド・ノエル	15,36
プディング	146,149
ブラウニー	82
プラムプディング	76
プラリーヌ	130
プラリーヌルージュ	131
プラリネ	130
フランスメレンゲ	101
フランソワ・プロコープ	163
フランツ・ザッハ	23
フランニャルド	151
ブラン・マンジェ	156
ブリア・サバラン	115
ブリオッシュ	174
ブリオッシュ・ア・テット	175
ブリオッシュ・サン・ジェニ	131
フリュイ・コンフィ	126
ブリュッセルワッフル	98
プリン	146
フルーツケーキ	34
ブルダルー風タルト	45
フレジエ	13
プログレ	105
プロフィトロール	71
ペクチン	153
別立法	11
ペ・ド・ノンヌ	70
ベニエ	116
ベニエ・アルザシアン	117
ベルギー3大古典菓子	108
ベルギーワッフル	98
ホイップクリーム	159
ボストック	177
ホテル・ザッハ	23
ポルカ	69
ポロネーズ	177
ボンヌフ	68
ボンボニエール	141

ま

マカロン	102
マコロン	103
マジパン	133
マシュマロ	136
マドレーヌ	78
マフィン	32
マルグリット	72
マンディアン	142
ミゼラブル	108
蜜蝋(みつろう)	107
ミュスカディーヌ	142
ミルフイユ	51
ムース	157
ムースリーヌ	175
ムラング	100
メッテルニヒ	23
メルヴェイユ	117
メルベイユ	108
メレンゲ	27,100
モンテ・ビアンコ	26
モンブラン	26

や

ユーハイム	85

ら

ラングドシャー	93
リエージュワッフル	98
緑茶	182
リンツァータルト	42,44,60
ルーラード	14
ルーロー	14
ルリジューズ	70
レアチーズケーキ	29
レクチンスキー	79,111,113
ロールケーキ	14
ロールケーキの日	15
ロッシェ	144
ワッフル	97
ワッフルコーン	99

〈著者紹介〉
猫井登（ねこいのぼる）　1960年、京都生まれ。早稲田大学法学部卒業後、大手銀行に勤務。退職後、服部栄養専門学校調理師科で学び、調理師免許取得。ル・コルドン・ブルー代官山校にて、菓子ディプロム取得。フランスのエコール・リッツ・エスコフィエ等で製菓を学ぶ。

この作品は2008年9月幻冬舎ルネッサンスより刊行されたものです。

お菓子の由来物語
2016年8月10日　第1刷発行
2020年1月31日　第2刷発行

著　者　猫井　登
発行者　見城　徹

GENTOSHA

発行所　株式会社 幻冬舎
　　　　〒151-0051 東京都渋谷区千駄ヶ谷4-9-7

電話：03(5411)6211(編集)
　　　03(5411)6222(営業)
振替：00120-8-767643
印刷・製本所：中央精版印刷株式会社

検印廃止

万一、落丁乱丁のある場合は送料小社負担でお取替致します。小社宛にお送り下さい。本書の一部あるいは全部を無断で複写複製することは、法律で認められた場合を除き、著作権の侵害となります。定価はカバーに表示してあります。

©NOBORU NEKOI, GENTOSHA 2016
Printed in Japan
ISBN978-4-344-02981-1 C0077
幻冬舎ホームページアドレス　https://www.gentosha.co.jp/

この本に関するご意見・ご感想をメールでお寄せいただく場合は、comment@gentosha.co.jpまで。